EDITORIAL

„Prag verführt mich.
Ultimativ. Hemmungslos."
Regisseur Miloš Forman

*Der in Leipzig lebende Fotograf **Peter Hirth** war in der Stadt an der Moldau schon wiederholt beruflich unterwegs ...*

***Jochen Müssig**, Verfasser zahlreicher Bücher und Artikel für die Süddeutsche Zeitung und Frankfurter Allgemeine, lebt in München und wohnte fünf Jahre lang auch in Prag.*

Liebe Leserinnen, liebe Leser!

Prag ist nicht Tschechien. Prag ist weltoffener und liberaler, schnieker, aber auch teurer als der Rest des Landes. Für mich ist es eine der interessantesten europäischen Metropolen, nirgendwo sonst gibt es auf vergleichsweise engem Raum eine solche Vielzahl von Architektur- und Kunststilen. Ein Dorado für jeden Kulturinteressierten. Aber es ist auch eine liebens- und lebenswerte Stadt, meint unser Autor Jochen Müssig, der jahrelang in Prag lebte. Gegenüber seinem zweiten Wohnort München vermisste er nichts, es sei denn einen tollen Badesee im Sommer.

Kaffeehäuser, Brauereien und Szeneclubs

Man trifft sich in prächtigen Jugendstilcafés (die schönsten stellen wir Ihnen ab Seite 36 vor), in Bierstuben – die Tschechen sind mit 138 Liter pro Jahr und Kopf schon seit langem Weltmeister im Bier trinken (siehe Seite 88) – oder angesagten Szeneclubs und Lounges. Längst hat Prag gegenüber anderen europäischen Metropolen aufgeholt, die Tristesse sozialistischer Zeiten ist vergessen. Wer nicht nur auf ausgetretenen Touristenpfaden wandeln möchte, macht es am besten wie die Prager und geht am Abend in die angesagten Clubs in Holešovice, Smíchov oder Vinohrady, die besten Adressen verrät Ihnen Jochen Müssig ab Seite 93.

Am besten einfach nur bummeln

Natürlich muss man sich die Prager Highlights anschauen, die Topziele haben wir auf Seite 7 übersichtlich für Sie zusammengestellt. Wenn dann noch Zeit bleibt, rate ich Ihnen, einfach durch die Stadt zu bummeln, ohne Blick in den Stadtplan oder feste Routen. Lassen Sie sich treiben, die Innenstadt ist klein – hier geht keiner verloren – und steckt voller Überraschungen. In jeder Gasse werden Sie etwas Neues entdecken. Noch ein Tipp: Wirklich Spaß macht das nur mit bequemen Schuhen! Das Kopfsteinpflaster ist das Schlimmste, was Prag zu bieten hat.
Viel Spaß bei Ihren Entdeckungen!
Herzlich

Ihre
Birgit Borowski

Birgit Borowski
Programmleiterin DuMont Bildatlas

36 Was seine Kaffeehauskultur betrifft, brauchte und braucht sich Prag noch nicht einmal vor Wien zu verstecken.

44 Auf der Prager Burg wurde und wird Politik gemacht.

Impressionen

8 Prager Bilderbogen mit Altstadtgassen, musealen Überraschungen, Ausblicken, jüdischen Erinnerungen, Brückenpanorama und buntem Nachtleben.

24 In Prags Altstadt sind sie versammelt, die architektonischen Zeugen der Jahrhunderte.

Staré Město · Josefov

24 **Der neue Prager Frühling**
Wenn die ersten Knospen sprießen, erwacht die tschechische Kapitale zu neuem Leben, als habe es ein Gestern und den Winter nie gegeben. Dann wird die Stadt geflutet von Millionen Touristen.

DUMONT THEMA
36 **Ein Transitraum**
Prag hat an die Tradition seiner legendären Grand Cafés von Anfang des 20. Jahrhunderts angeknüpft.

40 **Cityplan**
41 **Infos & Empfehlungen**

Nové Město · Vyšehrad

64 **Nicht alles neu in Neustadt**
Die 1348 gegründete Nové Město ist älter als man denken könnte. Vyšehrad hatte zu dieser Zeit bereits einiges erlebt. An heutige In-Viertel wie Vinohrady, Holešovice und Smíchov dachte noch niemand.

Malá Strana · Hradčany

44 **Orte der Denker und Lenker**
Die Prager Kleinseite steht nur scheinbar im Schatten des Hradschin. Denn die wichtigen Fäden laufen seit jeher in der Malá Strana zusammen.

DUMONT THEMA
58 **Die Verwandlung**
Die Spuren aus Kafkas Leben zu finden, mag gelingen. Die Verortung seiner Romane ist schwieriger.

60 **Cityplan**
61 **Infos & Empfehlungen**

UNSERE FAVORITEN

BEST OF ...

22 **Der beste Blick**
Eine Stadt wie Prag erschließt sich besonders gut von Aussichtspunkten.

78 **Die schönste Pracht**
Prag war eine Hochburg des Jugendstils – ein Überblick aus vielen Lebensbereichen.

114 **Der deftigste Geschmack**
Die böhmischen Küchenklassiker und wo man sie am besten genießen kann.

INHALT
4 – 5

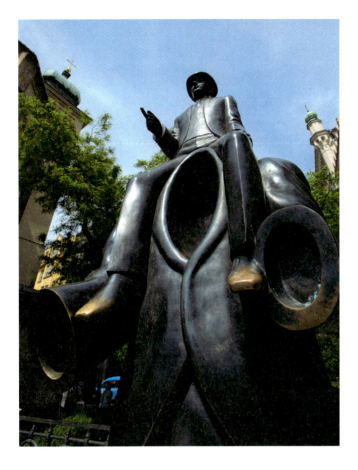

58 Franz Kafka verschaffte der Prager Literaturszene Weltgeltung, obgleich er auf Deutsch schrieb. Er ist nicht leicht zu lesen – seine Texte wollen erarbeitet werden.

DUMONT THEMA
108 Wenn Deutschland hustet ...
... plagt Tschechien gleich eine Erkältung. So könnte man das deutsch-tschechische Verhältnis aus wirtschaftlicher Sicht in einem Satz zusammenfassen.

110 **Straßenkarte**
111 **Infos & Empfehlungen**

Anhang

116 **Service – Daten und Fakten**
121 **Register, Impressum**
122 **Lieferbare Ausgaben**

74 **Cityplan**
75 **Infos & Empfehlungen**

Unterhaltung

80 **Generation Sehnsucht**
Das Nachtleben Prags hat international längst Anschluss gefunden. Aber es halten sich schon seit Jahrzehnten auch Lokalitäten aus alten Schüler- und Studentenzeiten.

DUMONT THEMA
88 **Im Dickicht der Zapfhähne**
Weil Biertrinken in Tschechien eine Philosophie für sich ist, produzieren Mikrobrauereien ausschließlich für eine kleine Fangemeinde.

92 **Cityplan**
93 **Infos & Empfehlungen**

Ausflüge

96 **Böhmische Dörfer**
Bereits eine Autostunde von Prag entfernt liegt eine Landschaft voller Burgen, Schlösser und Parks.

Genießen Erleben Erfahren

43 **Das Spiel der Helden**
Eishockey steht ganz oben in der Gunst des tschechischen Publikums.

63 **Wie einst Ivan Lendl**
Aktiv auf dem National Training Center für Tennis.

77 **Hollywood des Ostens**
Zum Ursprung und den Prager Schauplätzen international bekannter Filme.

95 **Loge auf der Moldau**
Rudern und das Postkartenpanorama genießen.

113 **Schöne Aussichten**
Je nach persönlichem Geschmack eine Runde Golf oder zu Fuß und per Rad unterwegs.

Topziele

Die bedeutendsten Sehenswürdigkeiten und Erlebnisse, die keinesfalls versäumt werden sollten, haben wir auf dieser Seite zusammengestellt. Auf den Infoseiten sind sie jeweils als **TOPZIEL** *gekennzeichnet.*

ERLEBEN

1 Schicksalshafter Wenzelsplatz: Der Václasvké ist die Bühne jüngerer tschechischer Geschichte. **Seite 75**

2 Einkehren im „U Fleků": Die Bierkneipen der Stadt sind eine eigene Reise wert, wenngleich die meisten nur den „Fleck" besuchen. **Seite 93**

3 Staunen im „Savoy": Das Kaffeehaus gehört mit seiner Kasettendecke und den Promis zu den schönsten und wichtigsten in Prag. **Seite 94**

AUSFLÜGE

4 Welterbe in Kutná Hora: Die gut erhaltene Altstadt lohnt einen ausgedehnten Stadtbummel. **Seite 111**

5 Wunderschönes Český Krumlov: Tschechien hat schöne Altstädte, aber keine ist so stimmungsvoll. **Seite 112**

6 Kein Tschechien ohne die Burg Karlstein: So muss eine Burg aussehen – an Karlštejn führt kein Weg vorbei. **Seite 113**

KULTUR

7 … und natürlich die Karlsbrücke: Zusammen mit Burg und Dom bildet Karlův most das Klischeebild Prags. **Seite 42**

8 Auf dem Altstädter Ring: Die Gute Stube Prags ist der Staroměstské náměstí mit dem Altstädter Rathaus, der Altstädter Niklas- und der Teynkirche. **Seite 41**

9 Kunstvolles Repräsentationshaus: Das Obecní dům ist ein Jugendstil-Gesamtkunstwerk und für viele das faszinierendste Gebäude seiner Zeit in Prag. **Seite 41**

10 Niklaskirche auf der Kleinseite: In dem barocken Prachtbau aus Marmor, Stuck und Gold spielte schon Mozart die Orgel. **Seite 61**

11 Über allem der Hradschin: Hradschin und St.-Veits-Dom erheben sich über die Hauptstadt und dominieren das Stadtbild. Kein Prag-Besucher, der nicht oben war. **Seite 62**

12 Stille Pracht im Kloster Strahov: Äußerlich eher unscheinbar, beheimatet das Kloster die schönsten Bibliotheken. Für Touristen ergiebiger als die im dunklen Klementinum. **Seite 63**

Prags berühmteste Ansicht

Die Karlsbrücke ist Prags Postkartenmotiv schlechthin. Seit Jahrhunderten überspannt sie die Moldau, hier trifft man sich, hier entstehen obligatorisch Hochzeitsfotos. Und wer die Reihe der 30 Brückenheiligen nicht abgeschritten hat, wird kaum behaupten können, in Tschechiens Hauptstadt gewesen zu sein.

Bitte einsteigen!

Kaum einer der rund 8,5 Millionen Besucher, die jedes Jahr die „Goldene Stadt" besuchen, lässt sich den Altstädter Ring, die Gute Stube von Prag, entgehen. Die Kutscher und Oldtimer-Chauffeure wissen das und warten deshalb dort auf Kundschaft.

Kunst mit und ohne Kopf

Altbewährtes gibt es in Prag in Hülle und Fülle. Aber, so fragen die Kritiker: Wo bleiben die Experimente? Beantwortet wird diese Frage auf der Moldau-Halbinsel Kampa im gleichnamigen Museum (Foto), aber auch im „Mühlencafé" gleich in der Nähe, wo man über Kunst und Politik diskutieren kann – und zwar mit Künstlern, Politikern und Intellektuellen, etwa über kopflose Skulpturen oder generell das weite Spektrum moderner Kunst von abstrakt bis provokativ, das es auch in Prag zu sehen gibt.

IMPRESSIONEN
12 – 13

Die Last der Macht

Oben, weit sichtbar über der Stadt, wird geherrscht, seit rund 1000 Jahren schon. In dem größten geschlossenen Burgareal der Welt residierten Kaiser, Könige und seit 1918 auch Staatspräsidenten. Der Mächtigste war sicherlich Karl IV., der Beliebteste wohl Václav Havel. Wem wohl diese jungen Prager hier ihre Stimme geben werden? In jedem Fall genießen sie jetzt erst mal ihr Leben und die Freiheit in vollen Zügen, oben auf dem Burgberg, weit sichtbar über der Stadt.

Josefov, das jüdische Prag

Die jüdische Gemeinde von Prag ist eine der ältesten und bedeutendsten des Abendlandes. Vom 13. bis in die Mitte des 19. Jahrhunderts lebte sie in einem eigenen Viertel, der Josefstadt (Josevov). Mit der Verleihung der Bürgerrechte im Jahr 1848 zogen viele Juden hier weg, die meisten Gebäude verfielen. Wer heute die in den Jahren 1867/1868 im maurischen Stil errichtete Spanische Synagoge (Foto) besichtigt, sollte sich von ihrer prächtigen, der Alhambra in Granada nachempfundenen Innenausstattung nicht darüber täuschen lassen, in welchen zum Teil erbärmlichen und erniedrigenden Verhältnissen die Juden einst in Josefov leben mussten.

Brückenschlag der Geschichte

In kaum einem anderen Staat Europas strahlte die Geschichte der Hauptstadt so aufs ganze Land ab wie in Tschechien. Egal, was der heilige Wenzel, der deutsch-römische Kaiser Karl IV., der Reformer Jan Hus, der Staatsgründer der Ersten Republik, Tomáš Masaryk, und zuletzt der Dissident Václav Havel von Prag aus in die Wege leiteten, es galt fürs ganze Land und hatte zuweilen sogar Wirkung in ganz Europa. Prag, einst größer als London und Paris, sieht sich heute längst nicht mehr Ost-, sondern Mitteleuropa zugehörig, näher an Berlin und Wien als an Warschau oder gar am ungeliebten Moskau.

Keine Langeweile für Nachteulen

Prag goes Hollywood? Nein, soweit ist die Ausgehszene der Hauptstadt noch nicht. Aber von ein bisschen Luxus und Performance zwischen Buddha und Schlachthof bis zu urigen Kellerläden mit Studentenzeitenflair bietet das Nachtleben Prags mittlerweile eine ganze Palette an Möglichkeiten, wie im Bild den „Radost FX Club" im Szenestadtteil Vinohrady.

UNSERE FAVORITEN

Aussichtspunkte

Der beste Blick

Nicht nur für den Überblick, sondern einfach auch fürs Auge ist ein Blick von oben immer etwas Besonderes: Schau mal da, guck dort! Nicht nur eine wunderbare Stadt wie Prag entdeckt man bestens per Überblick. Doch eine Aussicht sollte man sich auf jeden Fall auch von der Moldau aus gönnen ...

1 Katedrála Svatého Víta

Vom St.-Veits-Dom im Zentrum der Burg sieht man ganz Prag, vorausgesetzt man schafft die 287 Stufen bis zur 99 Meter hohen Spitze. Burg, Moldau, Altstadt, die vielen anderen Türme, das Gewirr der Dächer ... – ja, der Blick geht sogar bis Vyšehrad und bis Pankrác, dem Hochhausviertel, das Prags Welterbestatus gefährdete. Atemberaubend als Beschreibung für den Blick vom Dom über die Stadt wäre leicht untertrieben.

Pražský Hrad, Hradčany, Tel. 224 372 423, www.katedralasvatehovita.cz

2 Petřín

Der Pariser Eiffelturm en miniature, so wird der 60-Meter-Aussichtsturm mit angeschlossener Sternwarte gerne auch genannt. Stimmt ja auch, da als Kopie des Pariser Vorbilds 1891 errichtet. Er steht auf dem mit 318 Metern höchsten der sieben Hügel Prags und bietet nach 299 Stufen, die erklommen werden müssen, einen wunderbaren Blick über die Kleinseite, Burg und Altstadt. An einem klaren Schönwettertag ist es sogar möglich, im Osten die Schneekoppe zu erblicken, Tschechiens höchste Erhebung.

Petřínske Sady, Kleinseite, Tel. 257 320 112, www.petrinska-rozhledna.cz

3 Tower Park

Der Prager Fernsehturm ist mit 216 Metern das höchste Gebäude des Landes, verfügt über die höchstgelegene Aussichtsplattform auf 93 und auf 70 Metern über das „One-Room-Hotel". Außerdem gilt er – augenzwinkernd – als das zweithässlichste Gebäude der Welt. David Černýs im Jahr 2000 installierte kletternden Riesenbabys an der Außenfassade änderten daran auch nichts. 736 Stufen oder zwei Aufzüge – vier Meter pro Sekunde schnell – führen nach oben.

Mahlerovy Sady, Žižkov, Tel. 210 320 081, www.towerpark.cz

4 Staroměstská Radnice Věž

Ein Blick mitten aus dem Zentrum darf bei dieser Auflistung der besten Aussichten Prags selbstredend nicht fehlen: Es ist die Sicht vom Rathausturm. Spektakulärer und näher bekommt man die Altstadt und den Altstädter Ring mit der Teynkirche nirgends zu sehen. Genau 69,50 Meter hoch ist der gotische Turm, der das gesamte Altstadt-Ensemble schon seit sechs Jahrhunderten dominiert. Zu bezwingen ist er auf 138 Stufen oder barrierefrei per Aufzug.

Staroměstské Náměstí 1, Altstadt, Tel. 236 002 629, www.staromestskaradnicepraha.cz

UNSERE FAVORITEN

5 Staroměstská Mostecká Věž

Der Altstädter Brückenturm – aber auch sein Vis-à-Vis auf der anderen Seite der Moldau, der Kleinseitner Brückenturm – bietet direkt an der Moldau aus 40 Metern Höhe einen genauen, bis ins Detail gehenden Blick auf Karlsbrücke und Altstadt. 138 Treppen sind es bis zum Wandelgang. Kaiser Karl IV. ließ den Turm gemeinsam mit der Brücke im 14. Jahrhundert errichten. Das Tor in die Altstadt wurde als symbolischer Triumphbogen für den Königsweg konzipiert.

Karlův Most, Altstadt, Tel. 224 220 569, www.prague.eu

6 Kostel Svatého Mikuláse

Die St.-Nikolaus-Kirche ist ja schon sensationell, aber der Aussichtspunkt kommt dem Tüpfelchen auf dem i gleich. Ein 360-Grad-Panorama der gesamten Kleinseite, die Altstadt und die Moldau zu Füßen – das ist die Belohnung für das Erklimmen der 215 Stufen bis zur Höhe von 65 Metern zum Wandelgang des Kirchenturms. Der Glockenturm diente früher wegen seiner Rundumsicht als Feuermeldestelle und später in sozialistischen Zeiten als Plattform, um die umliegenden westlichen Botschaften unauffällig zu beobachten und zu belauschen.

Malostranské Náměstí, Kleinseite, Tel. 257 534 215, www.stnicholas.cz

7 Vltava

Auf der Moldau geht es nicht hoch hinaus, sondern ganz gemütlich zu einer Bootspartie mit Panoramablick. Dazu nimmt man sich ein Ruder- oder Tretboot, die es für ein paar Kronen auf der Insel Slovanský am Nationaltheater zu mieten gibt, und begibt sich hinaus aufs Wasser: Der Panoramablick vom Nationaltheater bis zur Burg flussabwärts ist gigantisch. Man sieht die Karlsbrücke in ihrer vollen Länge, die Brückentürme und links auch die schöne Kampa-Insel.

Slovanský Ostrov, Altstadt

8 Prasná Brána

Der 65 Meter hohe Pulverturm, ursprünglich Teil der Stadtmauer und einer der einst 13 Befestigungstürme, wirkt mächtig, schwer und düster, gemäß seiner zweiten Bestimmung, das Schießpulver der Stadt zu lagern. Von oben, aus 44 Metern Höhe der Aussichtsplattform, grüßen das wunderschöne Obecní Dům und der weitläufige Náměstí Republiky sowie zum Zentrum hin Rathausturm und dahinter die Burg. 186 Wendeltreppenstufen führen im Inneren nach oben.

Náměstí Republiky 5, Neustadt, Tel. 725 847 875, www.muzeumprahy.cz/prasna-brana

Der neue Prager Frühling

Wenn in der tschechischen Metropole die ersten Knospen sprießen, erwacht die Stadt des Jugendstils zu neuem Leben, als habe es ein Gestern und den Winter nie gegeben. Dann wird die Stadt geflutet, von Millionen Touristen, darunter eine Million Deutsche, die sich alle auf nur wenigen der insgesamt knapp 500 Quadratkilometern Fläche Prags drängen. Das Spektakel kann beginnen.

Mit dem Hradschin als Kulisse: Hochzeitsfoto auf der Karlsbrücke

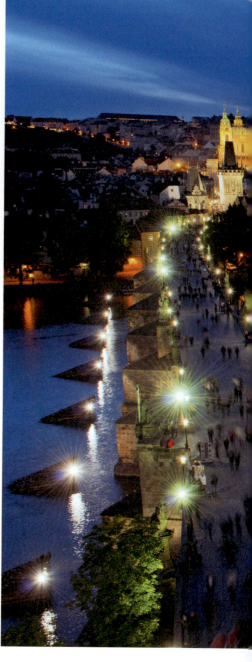

Hinter dem Altstädter Brückenturm liegen Altstadt und Josefstadt; die Kuppel gehört zur Kreuzherrenkirche aus dem 17. Jahrhundert (oben). Blick vom Altstädter Brückenturm zur Kleinseite (unten)

Erinnerung an den Brückentod des hl. Nepomuk – daran zu reiben bringt Glück

Künstler säumen die Karlsbrücke – darunter auch Oldtime-Jazzer

Die Karlsbrücke verbindet die Altstadt mit der Kleinseite. Sie wird niemals einstürzen, prophezeiten Astrologen. Sie berechneten den günstigsten Zeitpunkt der Grundsteinlegung: 9. Juli 1357, 5.31 Uhr

Im Schulgeschichtsbuch finden sich unter Prag zwei fett gedruckte Einträge: der Prager Fenstersturz, von dem es eigentlich drei gab, die jeweils Folgen hatten, und der Prager Frühling, als russische Panzer am Wenzelsplatz im Namen des Sozialismus das aufblühende Pflänzchen Freiheit überrollten.

Heutzutage, fast zwei Generationen später, läutet der Prager Frühling den Saisonstart ein und Sozialismus, die ganze Politik oder gar Religion spielen keine Rolle mehr. Besonders die Jungen kennen nur die Freiheit und das süße Leben. Was vor dem Jahr 1989 war, ist uncool. Musik und Stars, Lifestyle, Kleidung und jede Art von Kommerz sind für die tschechische Jugend wichtiger. Das spürt man in den angesagten Clubs genauso wie beim Tretbootfahren auf der Moldau, an den lauschigen Plätzen am Ufer und auf den Flussinseln oder beim Bummel durch die Einkaufsstraßen. Da wird geshoppt und geturtelt, gequatscht und gefeiert.

Václav Havel, der all dies ermöglichte, kennen die Jungen gerade mal noch, aber das Interesse gilt doch mehr der Frühjahrsmode, dem neuen Freund, Ewa Farna, der 26-jährigen Rockröhre des Landes, und eben den ersten warmen Sonnenstrahlen, die den Abgesang auf den immer noch manchmal nach Braunkohle riechenden harten Winter begleiten.

Prag ist cooler als Berlin

Die Prager fühlen sich längst Westeuropa zugehörig, empfinden sich näher an Deutschland als an Polen. Die Ukraine oder das einstige Bruderland Slowakei belächeln sie ein wenig als den echten Osten – rustikal, aber auch rückständig. Prag liegt ja mitten in Europa, südlich von Berlin und nördlich von Wien. Und diese Stadt gibt kulturelle Sicherheit. 40 Jahre Kommunismus waren ein zwar prägendes, aber dennoch nur ein Intermezzo und fast nichts im Vergleich zu den mehr als 1000 Jahren Geschichte.

Längst hat Prag den Anschluss an München und Wien gefunden, wenngleich in den letzten Jahren ein gewisser

Prag wird gern die „Hundertürmige" genannt – hier der Blick von der Dachterrasse des Hotels „U Prince" auf drei der Spitzen, auf den Rathausturm vorn, die Doppeltürme der Teynkirche und den gerade die Dächer überragenden Turm der Jakobskirche

Bitte einsteigen – ein verlockendes Angebot für eine Altstadtumrundung.
In die engen Altstadtgassen geht es allerdings nur zu Fuß.

Die 1410 in die Südseite des Rathauses eingebaute Astronomische Uhr zeigt 24 Stunden an

Das zweite, den Altstädter Ring überragende Gotteshaus ist die Altstädter Niklaskirche, im 18. Jahrhundert nach Plänen der genialen Dientzenhofers errichtet

„Ein Narr sagt, was er weiß; ein Weiser weiß, was er sagt."

Jüdisches Sprichwort

Stillstand in der Entwicklung zu verzeichnen ist: Es gibt kaum Neues in Kunst und Kultur und sogar gefährliche Rückschritte in der Politik. Allenfalls im Lifestyle gedeiht so manches Pflänzchen: Das „W" wird 2020 neue Akzente setzen, und „Buddha-Bar"-Erfinder Raymond Visan meinte sogar, dass Loungen und Chillen unter den toleranten Augen der obligatorischen Drei-Meter-Buddha-Figur in Prag passender sei als in London, Paris, Barcelona oder Berlin.

Durch die Jahrhunderte

Wenn die Röcke wieder kürzer werden und die Ausschnitte tiefer, erwacht Prag aus einer Winterstimmung und wandelt sich in eine heitere Metropole. Selbst die nicht immer als sauber hinter den Ohren geltenden Taxifahrer brummen wenigstens ein „Dobrý Den", also „Guten Tag", wenn ein Fahrgast den Schlag öffnet. Am Altstädter Ring erhöht sich sprungartig die Anzahl der in die Höhe gereckten, geschlossenen Regenschirme der in zahlreichen Sprachen parlierenden Fremdenführer, und der historische, zum Welterbe geadelte Altstadtkern von Prag scheint aufzuatmen: Nebel und Minusgrade sind Vergangenheit.

Der Gang durch die Gassen ist wie ein Gang durch scheinbar frisch renovierte Jahrhunderte und Kulturen, wie ein fröhliches Blättern in literarischen Werken und Kompositionen, ein faszinierender Streifzug durch das Lehrbuch der europäischen Baukunst. Im Kern der tschechischen Hauptstadt findet man schließlich so gut wie alle architektonischen Zeitalter, von der Gotik und dem Barock über den Jugendstil oder den seltenen Kubismus bis hin zum Funktionalismus. Kirchen – leider meist abgesperrt, weil ebenso vergessen wie der politische Prager Frühling – und Paläste, mehr als hundert Türme, Gassen und Kopfsteinpflasterstraßen vereinen sich zu einem unvergleichlichen Potpourri, das nun im Frühlingslicht wie neugeboren erstrahlt.

Seitengasse statt Trampelpfad

Zum Spazierengehen kann man den Reiseführer getrost im Hotel lassen. Am Pulverturm darf man ebenso mit dem Sightseeing beginnen wie im Getümmel am Altstädter Ring, wo die Astronomische Uhr und die mit Türmen und Türmchen besetzte Teynkirche stets für dichtes Gedränge sorgen. Oder umgekehrt: Man startet an der Karlsbrücke. Aber es ist wirklich egal, denn erstens kann man sich im Puppenstubenzentrum nicht verlaufen, und zweitens leitet einen sowieso der Strom der Touristen. Allerdings ist ein Streifzug durch die Nebengassen empfehlenswerter als alle

Das Repräsentationshaus am Platz der Republik ist eines der schönsten Jugendstilgebäude Prags (oben links und rechts). Auf seinem Balkon wurde 1918 die Republik proklamiert, und in seinem Café lässt sich bis heute kunstvoll schwelgen (unten rechts). Neben dem Altstädter Wasserturm aus dem 15. Jahrhundert beherbergt das Neorenaissancegebäude des ehemaligen Wasserwerks heute ein Museum für den „Moldau"-Komponisten Friedrich Smetana (unten links)

Trampelpfade zusammen, den „Königsweg", der vom Pulverturm zweieinhalb Kilometer lang über die Karlsbrücke hoch zur Burg führt, eingeschlossen. Kein Prager geht diesen Weg in der Saison freiwillig, und die meisten werden ihn zuletzt zu Ehren von Václav Havel gegangen sein, im Gefolge des ewig langen Trauerzugs zu dessen Beerdigung im Jahr 2011. In den Herzen fast aller Tschechen hat Havel, als Oppositioneller zu insgesamt fast fünf Jahren Gefängnis verurteilt, einen Ehrenplatz auf Lebenszeit.

„Ich will untertauchen in dem glitzernden Schaum des Lebens."

Gustav Meyrink 1915 in „Der Golem"

Haus des rasenden Reporters

Ansonsten schieben sich die Touristenströme vorbei an unzähligen Souvenirläden, mit Angeboten, die überall an vergleichbaren Stellen ausliegen. Und meistens passieren sie auch ein schmuckes Privathaus mit dem vielleicht schönsten Renaissance-Portal der Stadt. Es steht nur zehn Schritte vom ausgetretenen Pfad entfernt an der Kožná – die Nummer 1. Nebenbei bemerkt, es ist das Geburtshaus von Egon Erwin Kisch, dem berühmten Rasenden Reporter.

Die Gebäude, ob bekannt oder nicht, geben der Innenstadt einen einzigartigen musealen Charakter, wie man ihn – nur ganz anders – allenfalls noch in Venedig spürt. Alles ist renoviert und prächtig oder, selten in der Innenstadt, voll mit Patina. Nur: Keine alte Frau führt ihren Hund aus, und keine Nachbarn halten ein Schwätzchen von Tür zu Tür. Denn in Staré Město wohnen – wie in Venedig – kaum noch Einheimische. Von einmal 100 000 Einwohnern ist kaum ein Zehntel geblieben. In der Altstadt gibt es kein Alltagsleben mehr. Abgesehen von vor acht Uhr vielleicht, wenn angeliefert wird, wie überall. Die

Schon außerhalb des einstigen Gettos gelegen, war die Spanische Synagoge einst Gebetsstätte der aus dem katholischen Spanien vertriebenen Juden und erinnert mit ihrem maurischen Stil an deren verlorene Heimat

Die maurisch-orientalische Jerusalem-Synagoge in der gleichnamigen Straße wurde 1906 eingeweiht (oben). Neubarock zeigt sich heute die Klausen-Synagoge (unten links). Die ultraorthodoxen Juden auf dem Alten Friedhof sind meist Gäste aus Übersee (unten rechts)

Prager huschen nur schnell durch, wenn sie es unbedingt müssen. Beim Gang zum neuen Rathaus am Marienplatz etwa – gern Mafiánské náměstí genannt, also Mafia- statt Marienplatz, weil dort der Oberbürgermeister residiert ... Und die Touristen? Sie bleiben weitgehend unter sich. Lassen sich faszinieren von der Architektur, hoffen auf Erlebnisse und sind am Ende des Tages müde vom Gehen auf dem holprigen Kopfsteinpflaster, froh, einen Teller Gulasch und ein kühles Glas Bier vor sich zu haben.

Geheimtipp Stadtsparkasse

Aber natürlich gibt es geheime Plätzchen, die beinahe ausschließlich von Pragern aufgesucht werden: die Stadtsparkasse zum Beispiel. Ja, die Česká Spořitelna in der Rytířská ist so ein Platz, wo man in der vielleicht schönsten Jugendstil-Schalterhalle Mitteleuropas Prager mitten in ihrem Alltag sehen kann. In der Havelska trifft man noch auf traditionelle Läden. Oder man besucht zum Beispiel „Ovocný Světozor", wo sich die Prager zum Mittagsimbiss treffen, denn dort gibt es mit die besten Chlebičky der Stadt. Jan Paukert erfand die beliebten belegten tschechischen Brötchen, als er 1916 dem tschechischen Maler Jan Skramlík eine Brotzeit machte. Der Künstler arbeitete an einem Wandgemälde, wollte nicht von seiner Leiter und bat für den kleinen Hunger um etwas in die Hand. Paukert belegte ein Brot mit Schinken, Käse, Ei, Gurke und hielt all das mit seiner selbstgemachten Mayonnaise zusammen. Chlebíčky, Tschechiens bis heute beliebtestes Fingerfood, war geboren.

Der Zwerg im Maul

„Ohne die Menschen sind die Denkmäler tot", hört man einen Fremdenführer am Altstädter Rathaus proklamieren. Ein anderer meint zwei Meter weiter: „Es gibt Sachen, die so falsch seien, dass noch nicht einmal das Gegenteil stimmt." Er zitiert damit den im böhmischen Jičín geborenen Karl Kraus und bezieht sich

Die Josefstadt ist eine Mischung aus jüdischen Erinnerungen wie der Altneu-Synagoge und dem Jüdischem Rathaus (oben rechts) sowie kaiserzeitlicher Pracht wie dem Jugendstil-Haus Haštalská 6 (oben links), dem Haus „U Černe Matky Boží" mit seinem Kubismus-Shop (unten links) und dem „Café Imperial" (unten rechts)

Zur vorletzten Jahrhundertwende erhielt die Josefstadt ein neues Gesicht und auch die Prachtmeile Pařížská.
Die Pariser Straße verbindet ab der Altstädter Niklaskirche den Altstädter Ring mit der Moldau

Die Josefstadt erfuhr in den letzten 150 Jahren größte Veränderungen.

auf das Relief an der Eingangstür des Altstädter Rathauses. Es zeigt einen Zwergenkopf im Maul eines Löwen. Mindestens einmal täglich wird es als Bild des kleinen Tschechen im Rachen des furchterregenden Deutschen interpretiert, während die Historiker dem unisono keinerlei Bedeutung unterstellen. „Schließlich können die Deutschen ja nicht für alles in der Geschichte herhalten", ergänzt der Fremdenführer.

Noch so eine (unwahre) Geschichte ist die des Golem. Als Legende schön zu erzählen, jedoch historisch unhaltbar: In der Altneu-Synagoge würden die Überreste des berühmten und bärenstarken Golem aufbewahrt und zwar nicht begraben in der Erde, sondern irgendwo oben im Dachstuhl. Der Vorgänger Frankensteins, der sogar Könige und Kaiser faszinierte, erzielt bis heute auch bei so manchen Touristen aus aller Welt noch großes Interesse. Das geht sicherlich auf Gustav Meyrink zurück, der 1915 den Roman „Der Golem" verfasste: „Ein Rabbiner soll da einen künstlichen Menschen – den sogenannten Golem – verfertigt haben, damit er ihm als Diener helfe ...", heißt es darin.

Der Kreis schließt sich
Als sicher gilt: Das für die Geschichte und vor allem für alle Juden bedeutendere Viertel als Staré Město ist das angrenzende Josefov, das Jüdische Viertel. Seit dem Mittelalter lebten die Juden dort bis ins späte 19. Jahrhundert unter zum Teil erbärmlichen und erniedrigenden Verhältnissen. Mit der Verleihung der Bürgerrechte an die Juden im Jahr 1848 verließen viele das Getto, und nach der Sanierung in den Jahren der folgenden Jahrhundertwende blieben neben dem berühmten Friedhof nur noch acht Gebäude aus früherer Zeit erhalten, darunter drei aktiv genutzte Synagogen, inklusive der Altneu-Synagoge, der ältesten erhaltenen Synagoge Europas. Josefov und besonders die Edeleinkaufstraße Pařížská gehören inzwischen zu den teuersten Pflastern der Stadt. Neben privaten Luxusapartments zu horrenden Monatsmieten gibt es nur noch sehr wenige Wohnungen, die bei gleicher Größe, aber nicht renoviert, schon lange bewohnt und städtisch vermietet nur 200 Euro pro Monat kosten. Juden leben kaum noch im Viertel.

Und so schließt sich der Kreis in Josefov. Der Prager Frühling bringt auch fürs Jüdische Viertel vor allem eins: Touristen, die sich durch enge Gassen drängen, auf der Pařížská Nobelmarken erwerben, an einer Bude eine Bratwurst essen und in Souvenirläden einkaufen. T-Shirts, böhmisches Glas oder auch mal eine Marionettenpuppe – in Josefov gibt es sie sogar als Rabbi ...

KAFFEEHÄUSER

Ein Transitraum

Prag hat längst wieder an die Tradition seiner legendären Grand-Cafés von Anfang des 20. Jahrhunderts angeknüpft. Vor allem Touristen suchen in den Kaffeehäusern heute gern nach dem Flair von einst.

Im Café „Kavárna Obecní dům" im Repräsentationshaus wetteifert die Jugendstilpracht mit den Torten

Bei einer Tasse Kaffee saß der Gast oft stundenlang, studierte ausgiebig die ausgelegten Zeitungen und Zeitschriften. Kein Oberkellner war unaufgefordert herbeigeeilt, um ihm erneut Speisekarte oder gar Rechnung zu präsentieren. Schließlich waren Prager Kaffeehäuser Anfang des 20. Jahrhunderts keine Orte, an denen man sich vor der Arbeit noch schnell ein Tässchen gönnte oder gar mit einem Coffee-to-go-Pappbecher in der Hand gleich wieder aus dem Staub machte. Für Künstler, Schriftsteller und Journalisten waren sie zweites Zuhause. In der Kavárna, wie das Kaffeehaus auf Tschechisch heißt, wurden politische Ideen geboren, Revolutionen vorangetrieben und Trends für Kultur und Wirtschaft kreiert.

Die Kavárna war ein zentraler Ort des Geisteslebens, und wer wo verkehrte, war eine Frage der geistigen Haltung. Während sich die deutschsprachigen Autoren des Prager Kreises im „Arco" trafen, inzwischen eine Polizeikantine, versammelten sich die tschechischen Zeitgenossen lieber im längst abgerissenen „Union". Schau- und Revierkämpfe gab es allenthalben. Und vor der legendären Wiener Kaffeehauskultur mussten sich die Prager keineswegs verstecken, gab es doch in der Moldau-Metropole mehr als 150 Cafés. Nach 1945 schlossen die nunmehr herrschenden Kommunisten die meisten dieser überaus bourgeoisen Symbole. Doch nach vier Jahrzehnten sozialistischer Unterbrechung bemühte man sich, an die alte Tradition wieder anzuknüpfen.

Ein Kaffeehaus-Kaleidoskop

Als eines der Ersten eröffnete 1992 das „Louvre". In Intellektuellenkreisen ist das Café im ersten Stock eines Jugendstilbaus auch heute wieder eine Institution. Karel Schwarzenberg gab hier 2009 die Gründung seiner Partei „Top 09" bekannt.

Auch das „Slavia", mit Blick auf Nationaltheater, Karlsbrücke und Burg, war intellektueller Treffpunkt, von Literaten bis hin zu den Vordenkern des Prager Frühlings und der „Charta 77". Heute verdankt das im elegant-zurückhaltenden Art-déco-Stil restaurierte Kaffeehaus seinen Ruf den

In der der Moldau zugewandten Seite des Cafés „Slavia" hängt das großformatige Gemälde eines Absinth-Trinkers, vor dessen trunkenem Auge sich das Trugbild der „grünen Fee" entfaltet – wie die Spirituose auch genannt wird.

Auch vor den prächtigen Fassaden des Altstädter Rings lässt sich ein Kaffee genießen.

Zeiten, als Václav Havel hier einen Dissidenten-Stammtisch hatte.

Im Haus „Zur Schwarzen Madonna" landet der Besucher direkt im Orient. Das „Grand Café Orient" im ersten Stock ist vor allem ein Meisterwerk des tschechischen Kubismus. Die weißgrünen Streifen auf Polstern und Vorhängen, die Spiegel, das Mobiliar, die Lampen bis hin zu den Tischgedecken – alles ist aufeinander abgestimmt. Obwohl der rechte Winkel hier den Ton angibt, wirkt nichts davon unangenehm kantig.

Ein architektonisches Kleinod ist auch die ornament- und goldverzierte Kassettendecke im „Savoy", zufällig bei der Renovierung hinter einer Deckenverschalung zum Vorschein gekommen. Wer sich auf die Empore begibt, kann die Schnitzereien aus nächster Nähe bewundern und hat obendrein einen der ruhigsten Plätze. Dagegen wurde die oval geschwungene Empore im Jugendstil-Café des „Europa" geschlossen. Mitten auf der Touristeneinfallschneise Wenzelsplatz wird gerade komplett umgebaut. Bis Ende 2020 soll die Luxuslifestylemarke „W" dort einziehen. Abends besucht man das von riesigen Jugendstil-Lampen erleuchtete Café im Repräsentationshaus. Und mit überbordendem Jugendstil wartet das „Imperial" auf. Glänzend weiße Mosaikfliesen an den Wänden erstrahlen leicht ägyptisch-mediterran angehaucht.

Ein Blick zurück

Weniger schönoperierte Cafés mit Patina lassen sich in der Stadt kaum noch finden. Das „Fanta" im Hauptbahnhof war so ein Ort. Im Zuge einer Modernisierung wurde der Jugendstilbau jedoch mit offenbar unvermeidlichen Einkaufspassagen bestückt. Während unten die Reisenden zu den Gleisen eilen, schläft eine Etage höher die „Kavárna Fanta" einen Dornröschenschlaf. Unter der luftigen Glaskuppel wachen Frauenfiguren in der Eingangshalle über Ankommen und Abreisen. Hier ist das Kaffeehaus wohl am anschaulichsten ein Ort des Transits. Ein Raum zwischen privat und öffentlich, Freizeit und Beruf, zwischen Kommunikation und schweigsamem Innehalten.

Fakten

In Ergänzung zur vielfältigen Prager Kaffeehauskultur zeigt das **Kaffee-Museum** weltweite Unterschiede in Anbau, Röstung bis hin zum Servieren (Muzea kávy, Jana Zajíce 7, Praha 7, Tel. 603 55 27 58, www.coffeemuseum.cz; tgl. 11.00–18.00 Uhr).

Kaffeehäuser: Café Louvre, Národní 22, Neustadt; Kavárna Slavia, Smetanovo nábřeží 2, Altstadt; Grand Café Orient, Ovocný trh 19, Altstadt; Café Savoy, Vítězná 5, Kleinseite; Café Imperial, Na Poříčí 15, Neustadt. (Weitere Informationen S. 94.)

Das „Savoy" demonstriert augenfällig, dass die Prager Kaffeehäuser ihr Angebot keineswegs auf die Varianten des beliebten Muntermachers beschränken.

Wie ein Gang durch die Geschichte …

… mutet der Weg durch Staré Město, die Altstadt, und das angrenzende Josefov, das Jüdische Viertel, an. Das Prager Zentrum ist kaum noch bewohnt, wird aber umso mehr von Touristen besucht. In einem Tag lässt sich ein ansehnliches Programm bewältigen, denn die Wege sind kurz.

● Staré Město

In Staré Město, der Altstadt sind – vom Burg-Komplex abgesehen – die meisten Hauptsehenswürdigkeiten Prags (1,3 Mio. Einw.) zu finden.

SEHENSWERT

Als Ausgangspunkt eines Rundgangs empfiehlt sich der ❶ **Pulverturm** (Prašná brána) am östlichen Rand des Zentrums. Hier beginnt auch der **Königsweg** (Královská cesta): Nach 2,5 km und 90 Min. gelangt man über die Karlsbrücke zur Burg. Der 65 m hohe, im gotischen Stil errichtete Turm wurde ab 1475 gebaut, aber erst rund 400 Jahre später vollendet; bis Ende des 17. Jh. lagerte hier das Pulver zur Verteidigung der Stadt. Direkt nebenan steht eines der schönsten Jugendstil-Gebäude Prags, Gemeinde-, häufig auch ❶ **Repräsentationshaus TOPZIEL** (Obecní dům) genannt, entstanden 1906–1912 als Gesamtkunstwerk von rund 30 zeitgenössischen Künstlern, allen voran Alfons Mucha, einem der wichtigsten Vertreter des Jugendstils. Bekanntestes Detail ist das Mosaik „Die Hommage an Prag" von Karel Špillar über dem Eingang. Neben einem Art-Nouveau-Restaurant und dem nicht minder hübschen Café gibt es Säle, Versammlungsräume und Prags größten Konzertsaal für 1250 Zuhörer (tgl. 10.00–20.00 Uhr).

Etwas versteckt liegt das **Ständetheater** (Stavovské divadlo) am früheren ❹ **Obstmarkt** (Ovocný trh). Mit der Uraufführung der Oper „Don Giovanni" von Wolfgang Amadeus Mozart – mit dem Meister am Klavier – ging das 1783 gebaute Haus vier Jahre nach seiner Eröffnung in die Musikgeschichte ein. 200 Jahre später drehte der gebürtige Tscheche Miloš Forman darin Szenen zu seinem Film „Amadeus". Die knapp 700 Plätze stehen für Ballett- und Schauspiel-, aber auch für Mozart-Aufführungen zur Verfügung (Karten unter www.narodni-divadlo.cz). Gegenüber steht das der Öffentlichkeit nicht zugängliche **Karolinum**, historisches Hauptgebäude der Karls-Universität; 1348 eingerichtet, gilt sie als erste Universitätsgründung im damaligen deutschen Sprachraum. Am anderen Ende des Straßenplatzes ist das **Haus zur Schwarzen Madonna** (Dům U Černé Matky Boží) zu finden, ein Paradebeispiel des Prager Kubismus (www.kubista.cz; Museum Di.–So. 10.00–18.30 Uhr).

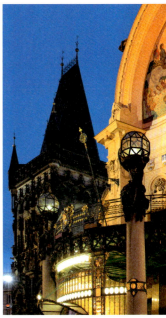

Erinnerung an den Reformator: Hus-Denkmal (oben). Pulverturm und Repräsentationshaus (rechts) am Náměstí Republicky

Unbestrittenes Zentrum der Altstadt ist der ❺ **Altstädter Ring TOPZIEL** (Staroměstské náměstí) mit dem Altstädter Rathaus, dem Huss-Denkmal, der Altstädter Niklas- und der Teynkirche sowie weiteren schönen Renaissance-, Barock- und Rokokogebäuden. Der knapp 1 ha große Marktplatz Prags ist die gute Stube und der Platz für Versammlungen, Public Viewings sowie Weihnachtsmarkt (s. auch Tipp S. 42). Mitten auf dem Platz steht das **Denkmal für Jan Hus** (Pomník Jana Husa), 1915 zum 500. Jahrestag der Verbrennung des böhmischen Reformators errichtet. Über die Anmut des Werks wird gestritten, nicht jedoch über die Symbolik: Die junge Mutter steht für die nationale Wiedergeburt, die Figur des Hus für Moral. Westl. erhebt sich wuchtig die 1735 von Kilian Ignaz Dientzenhofer vollendete **Altstädter Niklaskirche** (Kostel Mikuláše); seit 1920 dient der Barockbau der Tschechischen Hussitischen Kirche (Mo.–Sa. 10.00–16.00, So. 12.00–16.00 Uhr). Für die meisten Besucher von größerer Anziehungskraft ist die **Teynkirche** (Kostel Týnem); der gotische Bau entstand bis 1365, und die beiden mächtigen Türme (80 m) sind zu einem Wahrzeichen der Stadt geworden – besonders nachts dominieren sie den Altstädter Ring (Di.–Sa. 10.00–13.00 und 15.00 bis 17.00, So. 10.00–12.00 Uhr). Der Turm vis-à-vis gehört zum **Altstädter Rathaus** (Staroměstská radnice) und ist vor allem für seine Turmuhr bekannt. Das gotische Gebäude wurde 1381 eingeweiht, der Turm erst 1634 hinzugefügt. Die berühmte Astronomische Uhr (Staroměstský orloj) entstand 1410 nach Plänen des Uhrmachers, Astronoms, Mathematikers und Arztes Jan Šindel. Über den Tierkreiszeichen der oberen Scheibe bewegen sich jede volle Stunde mechanisch betriebene Figuren, die elf Apostel und Paulus. Insgesamt werden drei Zeiten gemessen: am äußeren Ring mit arabischen Ziffern die altböhmische Zeit, die von/bis Sonnenuntergang einen 24-stündigen Tag schuf. Am mittleren Ring mit den römischen Ziffern erkennt man die uns vertraute Zeit. Im blauen Teil des Zifferblatts

INFOS & EMPFEHLUNGEN

sind nur die Stunden mit Tageslicht zu sehen (Innenbereiche Mo. 11.00–19.00, Di.–So. 9.00 bis 19.00, Rathausturm Mo. 11.00–22.00, Di. bis So. 9.00–22.00 Uhr).

Unter den weiteren Gebäuden des Platzes sind das **Palais Goltz-Kinský** (Palác Goltz-Kinských) zu nennen, von dessen Balkon 1948 der damalige Präsident Klement Gottwald die Machtübernahme durch die Kommunisten verkündete, und das **Haus Zur Steinernen Glocke** (Dům U Kamenného Zvonu) daneben. Karl IV. soll während der Bauarbeiten auf der Prager Burg in diesem Haus gewohnt haben (jeweils Di.–So. 10.00–18.00 Uhr). Auch andere Gebäude aus dem 16. bis 19. Jh. fallen durch ihre Hauszeichen auf, etwa Zum Steinernen Widder, Zum Goldenen Einhorn und Zum Blauen Stern.

Über den ❽ **Marienplatz** (Mariánské náměstí) und die schmale und gewundene Karlsgasse (Karlova) gelangt man an die Moldau zum Klementinum und zum Altstädter Brückenturm. Das **Klementinum** aus dem 16. Jh., ehem. Sitz der Jesuiten, ist der zweitgrößte geschlossene Gebäudekomplex in Prag mit fünf Höfen, zwei Kirchen, Schule und Sternwarte. Er beherbergt

Maisel-Synagoge und Altneu-Synagoge (links und oben rechts). Holocaust-Opfernamen in der Pinkassynagoge (rechts unten).

die Nationalbibliothek und einen herrlichen, aber leider stets abgedunkelten Lesesaal – es sei denn, eine Filmproduktion benötigt wieder einmal ein historisches Bibliotheks-Set und bezahlt viel Geld für seine Dreharbeiten … (Mo. bis Sa. 10.00–19.00, So. 12.00–19.00 Uhr). Am Fluss ragt der **Altstädter Brückenturm** (Staroměstská mostecká věž) 40 m auf; 1380 erbaut, markiert er die Grenze der Altstadt und ist Auftakt zur mehr als 500 m langen ⓫ **Karlsbrücke TOPZIEL** (Karlův most). Seit dem 14. Jh. verbindet sie Altstadt und Kleinseite und gehört zu den ältesten erhaltenen Steinbrücken in Europa. Als Wahrzeichen von Prag ist sie nationales Kulturdenkmal und Teil des Krönungswegs der böhmischen Könige. Die 30 Heiligenstatuen auf der Brücke wurden erst ab 1628 nach und nach aufgestellt. Am bekanntesten ist die des hl. Nepomuks, der 1393 von der Brücke gestürzt wurde, weil er das Beichtgeheimnis nicht brechen wollte. Diese Figur zu berühren, soll Glück bringen. Alle Originale sind inzwischen im Lapidarium, einer Dependance des Nationalmuseums, untergebracht.

MUSEEN
Im ❿ **Smetana-Museum** (Muzeum Smetany) geht es um klassische Musik und das bekannteste Werk des Komponisten, die 1882 uraufgeführte „Moldau". Der Eingang liegt direkt am Ufer, wo der Fluss plätschert (Novotného lávka 1, www.nm.cz; Mi.–Mo. 10.00–17.00 Uhr).

Das ❸ **Mucha-Museum** (Muzeum Muchovo) zeigt Impressionen aus dem Leben und Werk von Alfons Mucha (1860–1939), dem wichtigen tschechisch-französischen Jugendstil- und Art-déco-Maler (Kaunický palác, Panská 7, www.mucha.cz; tgl. 10.00–18.00 Uhr).

ERLEBEN
Die ❻ **Česká spořitelna** in der Rytířská 29 ist nicht einfach nur eine Filiale der tschechischen **Sparkasse**, sondern auch ein zugängliches Jugendstiljuwel mit kleinem Café (Mo.–Do. 9.00 bis 18.00, Fr. 9.00–16.00 Uhr).

EINKAUFEN
In der ❻ **Havelska** bestimmt ein Wochenmarkt das Geschehen (tgl. 6.00–18.30 Uhr); hinter den Buden gibt es auch noch traditionelle Läden. Und wer ein paar wirklich originelle Prag-Souvenirs mit nach Hause nehmen möchte, ist bei Lenka, Jitka und Johana in ihrer ❼ **Pragtique** richtig: Es gibt nette Kleinigkeiten ab 45 Kč bis zu Gemäldeunikaten für rund tausend Kč. Zehn Prager Künstler gestalten ca. 90 Prozent aller Mitbringsel (Mo.–Sa. 11.00 bis 18.00 Uhr, Národní 37 in der Passage, www.pragtique.com). Die ❷ **Manufaktura** bietet Holzspielzeug, handgeschöpftes Papier, formschöne Keramik oder Textilerzeugnisse aus Leinen – jedes Stück ist handgemacht (Mo.–Sa. 10.00–20.00 Uhr, Celetná 12, http://manufaktura.cz), während Kubistisches im ❷ **Kubista** angeboten wird (Ovocný Trh 19, www.kubista.cz; Di.–So. 10.00–18.30 Uhr). Und die eine oder andere Dame möchte vielleicht einmal bei Tschechiens derzeit erfolgreichster Modedesignerin ❾ **Denisa Nová** vorbei schauen (Náprstkova 4, www.denisanova.cz; Mo.–Fr. 11.00–19.00, Sa. 11.00–18.00 Uhr).

● Josefov

In Josefov, dem Jüdischen Viertel, darf kein intaktes Getto erwartet werden. Die Sanierung Ende des 19. Jh. ließ nur den jüdischen Friedhof und acht jüdische Gebäude unberührt.

SEHENSWERT
Einen Rundgang durchs Viertel beginnt man am besten am ⓬ **Rudolfinum,** dem Stammhaus der Tschechischen Philharmonie. 1920 bis 1938 und 1945/1946 war das Neorenaissancegebäude (1884) Sitz des Parlaments (nur zu Veranstaltungen geöffnet).

MUSEEN
Das ⓭ **Jüdische Museum** (Židovské muzeum v Praze) umfasst die großen jüdischen Sehenswürdigkeiten; um sich Wartezeiten zu ersparen, sollte man Eintrittskarten reservieren (Reservierungszentrum an der Klausen-Synagoge,

---

Tipp

Auch im Winter schön

Prager Schinken brutzelt über loderndem Holz, auf der Bühne zeigt eine Folklore-Gruppe traditionelle Tänze, ein riesiger Weihnachtsbaum erleuchtet die Mitte des Platzes, und das Hus-Denkmal ist vor lauter Buden kaum zu sehen: Der Prager Weihnachtsmarkt am Altstädter Ring ist Grund genug, die tschechische Hauptstadt auch mal im Winter zu besuchen. Die Stände bieten Kunsthandwerk, Glas und Keramik, Spitze, Holzwaren, Spielsachen und jede Menge Leckereien, vom duftenden Schinken bis zu Trdelník, einem Hefegebäck mit Zucker und Nussraspeln, das auf einer Rolle über offenem Feuer gebacken wird.

INFORMATION
Die Prager Weihnachtsmärkte finden den ganzen Dez. über statt.

U Starého hřbitova 3a, Tel. 222 317 191, www.jewishmuseum.cz). Hauptattraktion ist der **Alte Jüdische Friedhof** (Starý židovský hřbitov). Der 1478 eingerichtete und vielleicht bekannteste Jüdische Friedhof in Europa beherbergt auf nur 1 ha über 12 000 Grabsteine, darunter den des Rabbi Löw, des großen Gelehrten des 16. Jh. Aus Platzmangel wurden die Toten übereinander bestattet, zum Teil in bis zu zwölf Lagen, so dass man von rund 100 000 Beerdigten ausgeht (So.–Fr. 9.00–18.00, Nov.–März nur bis 16.30 Uhr). In unmittelbarer Nähe liegen **Pinkas-, Maisel-, Hohe und Altneu-Synagoge** (Kernöffnungszeit So.–Fr. 9.30–18.00 Uhr). Die Pinkasova synagóga von 1479 zeigt die Namen von 77 297 Holocaust-Opfern an den Wänden. Die Maiselova synagóga (1591) wurde um 1905 neugotisch umgestaltet. Die Altneu-Synagoge (Staronova synagóga, 13. Jh.) ist Europas älteste aktiv genutzte jüdische Gebetsstätte; im Inneren befindet sich der Stuhl des Rabbi Löw. Auch das **Jüdische Rathaus** (Židovská radnice) vis-à-vis wird bis heute genutzt; das Bauwerk von 1577 ist Sitz der jüdischen Gemeindeverwaltung in Prag und beherbergt ein kosheres Restaurant (So.–Do. 11.30–14.00 Uhr) sowie im Obergeschoss die **Hohe Synagoge** (Vysokás synagóga). In der **Klausen-Synagoge** (Klausova synagóga) ist ein Museum zu Traditionen und Brauchtum des Judentums untergebracht (www.jewishmuseum.cz). Östl. der Pařížská sind die **Kubistischen Häuser** (Kubistické Domy, Elišky Krásnohorské; nur Außenbesichtigung) und die Mitte des 19. Jh. in markantem maurischen Stil errichtete **Spanische Synagoge** (Španělská synagóga) sehenswert (Vězeňská 1; So.–Fr. 9.00–18.00 Uhr). In ihrer Nähe steht ein Franz-Kafka-Denkmal (Pomník Franze Kafky) aus Bronze. Als Verlängerung der Pariser Straße (Pařížská) ist auch die **Böhmische Brücke** (Čechův most) interessant; die mit 170 m kürzeste der 15 Prager Moldau-Brücken wurde 1905–1908 mit reichlich Jugendstilschmuck errichtet. Das ⓯ **Agnes-Kloster** (Anežský klášter), 1234 gegründet, ist eines der wertvollsten und ältesten gotischen Baudenkmäler Tschechiens. Es beherbergt die Sammlung der Nationalgalerie zu mittelalterlicher böhmischer Kunst (U Milosrdných 17, www.ngprague.cz; Di.–So. 10.00–18.00 Uhr). Wer sich für böhmisches Glas interessiert, findet im ⓬ **Kunstgewerbemuseum** (Uměleckoprůmyslové Muzeum) einige wunderbare Preziosen aus dem 19. und 20. Jh. (17. listopadu 2, www.upm.cz; Di. 10.00–20.00, Mi.–So. 10.00–18.00 Uhr).

VERANSTALTUNGEN

Das zweiwöchige **Musikfestival Prager Frühling** ab Mitte Mai gehört zu den Höhepunkten für Freunde klassischer Musik, des Balletts und der Oper. Zentrum der Aufführungen ist das Rudolfinum (www.czech.cz).

EINKAUFEN

Die Edeleinkaufsstraße ⓮ **Pařížská** bietet von Armani über Bulgari und Chanel bis Zegna alle Modemarken – jedoch zu deutlich höheren Preisen als in Deutschland.

STARÉ MĚSTO · JOSEFOV
42 – 43

Genießen   Erleben   Erfahren

Das Spiel der Helden

DuMont Aktiv

Fußball ist in Tschechien nur die Nummer zwei in der Gunst des Publikums. Eishockey steht ganz oben. Besonders wenn die Blau-Weiß-Roten, wie die tschechische Nationalmannschaft genannt wird, die Russen schlagen, steht das Land kopf.

„**Jeder kleine Junge** in Tschechien, der beginnt Eishockey zu spielen, hat einen Traum: Er will eines Tages in der höchsten Liga spielen, und wenn er dort zu den Besten zählt, dann will er auch für die Nationalmannschaft spielen." Der das sagt, hat sich seinen Traum längst erfüllt: Jaromír Jágr schaffte den Sprung in die amerikanische Profi-Liga NHL, wurde dort zum Millionen verdienenden Weltstar und kaufte sich zuhause seinen Heimatclub HC Kladno. Kladno, ein Städtchen nordw. von Prag, spielt mit 13 anderen Profi-Clubs in der Extraliga um die Landesmeisterschaft. Die Extraliga gehört immer noch zu den besten Eishockey-Ligen der Welt und bietet Spitzensport zu niedrigen Eintrittspreisen. Diese sind aber der Grund, warum viele Stars meist nach Übersee abwandern, denn die Vereine haben zu wenig Einnahmen. Das Potential beim Nachwuchs bleibt aber dennoch ungebrochen: Fast 100 000 Tschechen jagen dem Puck hinterher.

Ein Match auf blankem Eis gehört deshalb auf jeden Fall auf die Erlebnisliste in Prag. Das Publikum im Land des sechsfachen Weltmeisters und Olympiasiegers von 1998 ist sowohl fachkundig, als auch begeisterungsfähig – zumindest wenn das Spielniveau stimmt. Prag bietet zwei Extraligisten, Sparta und Slavia, und die für 18 000 Zuschauer ausgelegte größte Eishockey-Halle Europas, die O2-Arena. Den meisten Radau machen stets die Fanlager – ähnlich wie bei uns auch.

Weitere Informationen

Die Saison der Extraliga ist von Sept. bis März. Tickets gibt es ab 200 CZK. In der O2-Arena spielt Slavia Prag (Českomoravská 17; Metro B: Českomoravská). Auf der anderen Seite der Moldau richtet Sparta Prag seine Heimspiele aus: in der Tipsport-Arena mit 10 000 Plätzen (Za Elektrárnou 1; Metro C: Nádraží Holešovice).

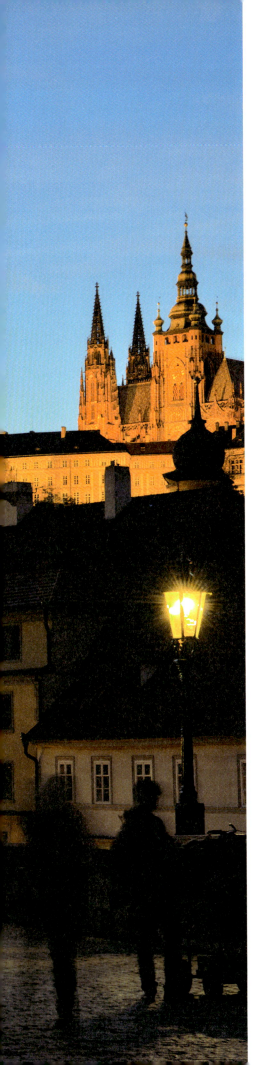

Orte der Denker und Lenker

Die Prager Kleinseite, Malá Strana, steht nur scheinbar im Schatten des Hradschin. Zwar ist die Burg(-stadt) Hradčany weithin sichtbar und seit ewigen Zeiten das Machtzentrum des Landes, doch die wichtigen Fäden laufen in der Kleinseite zusammen. Geschichten aus und Einblicke in ein ganz besonderes Viertel, hinter dessen Fassaden sich so vieles abspielt.

Hinter dem Kleinseitner Brückenturm breitet sich das Gassengewirr der Malá Strana aus, überragt vom eindrucksvollen Burgareal

Am Kleinseitner Ring prunkt seit 1761 die Niklaskirche mit einem eindrucksvollen Deckenfresko; von seinem 79 Meter aufragenden Glockenturm belauschte der Geheimdienst die umliegenden Westbotschaften (oben und unten links). Nur einen Steinwurf entfernt führt die schmalste Gasse Prags von der U lužického semináře hinab zur Moldau (unten rechts)

Die Mostecká, einst Teil des „Königswegs" hinauf zur Burg, führt in Verlängerung der Karlsbrücke zum Kleinseitner Ring

Romantischer als beim Blick auf die bunten Dächer, verträumten Gärten und stolzen Kirchen der Kleinseite geht es nicht in Prag.

Bei seinem letzten Besuch in Prag wohnte der Dalai Lama in einem Kloster. Wenige Tage vor dem Tod seines Freundes Václav Havel besuchte er ihn und die tschechische Hauptstadt für eine Diskussionsrunde in der Philosophischen Fakultät der Karls-Universität zum Thema Menschenrechte. Es ist charakteristisch, dass der Dalai Lama in einem Kloster auf der Kleinseite der Stadt sein Quartier bezog, auch wenn die Abtei schon 1752 aufgelöst wurde. Immerhin sind die Grundmauern aus dem 14. Jahrhundert zum Teil bis heute bewahrt im jetzt so noblen „Mandarin Oriental". Das Hotel ist einer dieser Treffpunkte unterhalb der Burg, wo Denker und Lenker zusammenkommen oder wie in diesem Fall, der geistige Führer Tibets auch nächtigte.

Die Regierungs-, Parlaments- und Ministerialgebäude liegen zu zwei Dritteln auf der Kleinseite und protzen dort mit den wichtigsten Botschaften um die Wette. Entscheidungsträger, Lobbyisten und Journalisten geben sich die Klinke in die Hand. Im Club „Blue Light" in der Josefgasse etwa kommen die Wichtigen gern ganz ungezwungen zusammen. Im Restaurant „Hoffmeister" isst man dagegen nicht nur zu Mittag, sondern trifft hier in der Pod Bruskou am Rand des Burggartens weit reichende strategische Vereinbarungen, während Interviews und Hintergrundgespräche off the records im Café „Savoy" stattfinden, der inoffiziellen Informations- und Austauschbörse für Politiker, Botschafter und Journalisten.

Ein Außenminister in der Kneipe

Im „Kavárna Mlýnská", dem „Mühlencafé" am Teufelsbach, wird hingegen unter Intellektuellen diskutiert: Der Student in Jeans debattiert mit dem Geschäftsführer im Anzug, Künstler und Politikinteressierte äußern ihre Meinung und lassen sich von anderen Ansichten anregen. Etwa wie man auf den letzten Generalstreik reagiert oder was die Wiederwahl von Miloš Zeman zum Staatspräsidenten Tschechiens gebracht hat. Bei den Präsidentschaftswahlen im Januar 2018 bekam dieser im ersten Wahlgang nur 38,5 Prozent, also nicht die absolute Mehrheit. In der Stichwahl setzte er sich aber mit 51,3 Prozent gegen den parteilosen Jiří Drahoš durch. Anfang 2013 bei Zemans Wahl zum dritten tschechischen Staatspräsidenten hatte das anders ausgesehen: 54,8 Prozent der Tschechen, überwiegend die weniger gebildete und weniger verdienende Landbevölkerung, hatten für den robusten

Unübersehbar sind die Verewigungen Tausender an der John-Lennon-Mauer – ein gern genutzter bunter Hintergrund für so manches Porträt

Zeitgenössische Kunst präsentiert das Kampa-Museum

Ein Vexierbild der Gegenwart: Das Kampa-Museum spiegelt das Heute

Mobilität von einst als Erlebnis: mit einem Škoda Felicia vom Beginn der 1960er-Jahre über das Kopfsteinpflaster der Nerudagasse

Auf der Kampa-Insel galt schon zu kommunistischen Zeiten das Mäzenaten-Motto: Überlebt die Kultur, geht die Nation nicht unter.

Stammtisch-Populisten votiert. Sein Konkurrent damals: der ehemalige Außenminister Karel Schwarzenberg, der, anders als Zeman, frei von Korruptionsverdacht war und ist, weil reich genug, um unbestechlich zu sein. Schwarzenberg steht übrigens selbst ab und an im „Mühlencafé" am Tresen – wie immer mit Fliege. Es gibt schlechten Wein, eine lausige Bedienung und niedrige Preise. Allein wichtig ist die Örtlichkeit als institutionalisierter Treffpunkt zum Meinungsaustausch.

Zwischen all diesen Treffpunkten liegen jeweils immer nur ein paar Gehminuten. Die Kleinseite ist eben die kleine Seite der Stadt. Wenn am Altstädter Ring am anderen Moldau-Ufer vielleicht das Herz von Prag schlägt, dann entscheidet ganz sicher auf der Burg der Kopf, während an der Kleinseite Hände und Füße alles daran setzen, werkeln, tun und machen, dass der Kopf auch wirklich etwas (und möglichst das Richtige) entscheidet.

Einst eigene Stadt

Über die Jahrhunderte war Prag eine Stadt, in der sich böhmische, deutsche und jüdische Kultur an einem strategischen Knotenpunkt Europas begegneten. Aus dem Mittelalter, vor allem während der Regentschaft Karls IV., stammt die Bezeichnung „Goldene Stadt". Prag war seinerzeit größer als Paris und London. Und bis heute – wenngleich nicht mehr politisch und wirtschaftlich in der ersten Reihe der europäischen Metropolen spielend – spiegelt das geschlossen wirkende, von Gotik, Barock und Jugendstil geprägte Stadtbild noch immer die einstige Dominanz und den großen früheren Reichtum.

Auf der Kleinseite scheint zuweilen sogar die Zeit stehen geblieben zu sein. Nur wer sehr genau und lange sucht, findet das eine oder andere Gebäude, das später als im 18. Jahrhundert gebaut wurde. Das heutige Stadtviertel bildete von 1257 bis 1784 sogar eine eigenständige Stadt, in der sich der Adel und die Reichen in prunkvollen Palästen wohlfühlten. Diese Aura und Bedeutung, aber auch dieses Selbstbewusstsein hat sich bis heute gehalten. Sogar die Kommunisten wussten um die Wichtigkeit der Kleinseite. Oder war es nur ein Zufall, dass sie im Jahr 1955 linksseitig der Moldau am Letná ein monströses Denkmal zu Ehren Josef Stalins enthüllten? Auch Jahrzehnte nach der Zerstörung wird die heutige Aussichtsplattform im Volksmund übrigens immer noch mit dem Namen des schrecklichen Diktators bezeichnet.

Besser den Apotheker fragen

Auch für Kleinseite und Burgviertel gilt: Einheimische und Touristen begegnen

Der bis 1720 angelegte Vrtba-Garten gehört zu den schönsten Grünanlagen der Kleinseite und ist dank einer Durchfahrt Ecke Tržiště/Karmelitská im Sommer öffentlich zugänglich

Durch die Letenská vom Waldstein-Garten getrennt, ist der Vojan-Garten einer der ältesten Prags

Die barock-symmetrischen Bepflanzungen des Vrtba-Gartens erstrecken sich über drei Ebenen

„Niemand wird uns mehr vom Europa der Demokratien trennen. Wir leben in der Mitte Europas."

Václav Havel

Weit reichen Blick und Klänge vom Turm der Kleinseitner Niklaskirche

Auch die St.-Loreto-Kirche war ein Entwurf der Familie Dientzenhofer, die in Prag für manche barocke Prächtigkeit gesorgt hat

Der Theologische Bibliothekssaal im Kloster Strahov

sich wenig, außer in Touristenläden und Restaurants als Verkäufer und Käufer. Im Burgviertel und auf der Kleinseite gibt es schließlich kaum Infrastruktur fürs alltägliche Leben und noch weniger Wohnungen. Die sind dann aber so teuer, dass man vielleicht Tomáš Sedláček heißen und als Banker und Autor („Die Ökonomie von Gut und Böse") preisgekrönt sein muss, um sich ein Domizil etwa in der Mostecká, dem Gässchen zur Karlsbrücke, leisten zu können. Und wenn sich eine alteingesessene Konditorei wie „U Bílého

Überleben dank giftgrünem Absinth

Preclíku" von 1678 gehalten hat, dann, weil die „Bretzel" in der Karmelitergasse heute Crêpes für 50 Kronen an Touristen verkauft. Ansonsten ist aus einer früheren Schneiderei ein Geschäft für böhmisches Kristall geworden, und der Lebensmittelladen hat sich auf Absinth in giftgrün und weiteren Farben spezialisiert. Kein Prager trinkt diese hochprozentige und kaum konsumierbare Kräuterspirituose. Zu Risiken und Nebenwirkungen fragen Sie jedenfalls besser einen Apotheker. Dennoch steht Absinth bei Touristen als Mitbringsel ganz oben auf der Liste.

Wenn Amateure Profis werden
Trotz aller Unterschiede und trotz kaum vorhandener Überschneidungen: Eine Eigenheit bekommt der Besucher dennoch relativ schnell mit, zumindest, wenn er über die deutschsprachige „Prager Zeitung" oder im Internet das örtliche Geschehen ein wenig verfolgt. In Prag sind Profis Amateure, und die Amateure werden schnell zu Profis. Nirgendwo sonst ist das so offensichtlich wie auf und unterhalb der Burg. Ex-Staatspräsident Václav Klaus weigerte sich über Jahre, die EU-Flagge auf der Burg

Die an der Nerudagasse beginnende Neue Schlossstiege ist die kürzeste Verbindung hinauf zum Hradschin (rechts oben). Durch das Matthiastor gelangt man in den Ersten Burghof des Hradschin – als Sitz des tschechischen Staatspräsidenten stark bewacht (unten links und rechts)

Hier fanden einst Ritterspiele statt: Wladislawsaal im Königspalast

Prag ist Stein gewordene europäische Geschichte – dafür steht vor allem der hoch über der Moldau thronende Hradschin.

zu hissen und machte sich auch mit sehr absonderlichen, öffentlich geäußerten Gedanken europaweit, aber auch in Tschechien zum amateurhaften Kasper. Andererseits zeigte dessen Vorgänger Václav Havel, dass auch ein Amateur zum Profi reifen kann: Der Literat, Dramaturg und Regisseur wurde vom Volk ins höchste Amt im Staat gejubelt, in dem er für sich, aber auch für Tschechien weltweit größte Reputation erlangte. Jedoch soll nicht verschwiegen werden, dass ein Werdegang vom Amateur zum Profi auch ganz anders aussehen kann und dann dem New Yorker Vom-Tellerwäscher-zum-Millionär-Motto ähnelt, aber andererseits sehr häufig auch mit Geld, Beziehungen und Korruption zusammenhängt ...

Der kostenlose Kaffee
Nicht mit der Politik und schon gar nicht mit den gerade genannten Karriere-Faktoren in Zusammenhang zu bringen ist das Kaffeehaus „U Zavěšenýho Kafe", übersetzt „Zum Hängenden Kaffee". Trotzdem passt auch diese Café-Kneipe zu Malá Strana und seinen Treffpunkten. Die Idee ist einfach und genial, auf jeden Fall sozial: Man bezahlt zwei Kaffee, trinkt aber nur einen, um einem später kommenden, nicht so gut gestellten Mitbürger auch einen Kaffee zu gönnen. Der fragt einfach nach einem hängenden Kaffee und bekommt ihn ohne Bezahlung. Sofern Guthaben vorhanden ist, versteht sich. „Jeden Tag gehen ungefähr zehn Tassen hin und her", sagt die Bedienung. Und über dem Türbogen wird darüber genau Buch geführt.

Das Café liegt unweit des einstigen Wohnhauses von Jan Neruda. Dort hören gerade Gymnasiasten aus der Provinz, auf Exkursion in der Hauptstadt, eine seiner „Kleinseitner Geschichten" – direkt vor dem Dichterhaus „Zu den zwei Sonnen" in der Nerudagasse: „Übergreifenden Literatur- und Geschichtsunterricht" nennt das die Lehrerin aus Liberec. Denn nach einem Apfelstrudel geht es weiter auf die Burg. Dort wird, ansehnlich verpackt, auch Historie gepaukt. Die Schüler wundern sich allerdings weiterhin über den soeben genossenen Apfelstrudel. Ist der doch warm und mit Vanillesauce garniert, wo er in Tschechien eigentlich immer kalt und pur serviert wird. „Das liegt an den vielen Touristen", sagt die Lehrerin, „die mögen den Strudel lieber warm und mit Sauce." Den Teenagern scheint er trotzdem geschmeckt zu haben.

Das im 16. Jahrhundert errichtete Ballhaus im Königsgarten diente einst
der körperlichen Entspannung bei einem tennisartigen Spiel

Die gotische St.-Veits-Kathedrale erinnert nicht ohne Grund an französische Gotteshäuser –
in Auftrag gab sie Kaiser Karl IV., väterlicherseits ein Luxemburger

Das Goldene Gässchen verläuft zwischen zwei ehemaligen Kerkertürmen, dem Weißen und dem Daliborkaturm

Die Kathedrale ist auch für ihre unzähligen Wasserspeier bekannt

Auf dem Misthaufen gelandet

Ach ja, die Burg! Seit dem 9. Jahrhundert Sitz der Herrscher, von Gründer Fürst Bořivoj über Karl IV. und die Habsburger bis Václav Havel und nun Miloš Zeman. Laut „Guinessbuch der Rekorde" das größte Burgareal weltweit und mit dem St.-Veits-Dom Heimstätte des zweitältesten Gotteshauses in Europa nach dem St.-Peters-Dom in Rom: Pražský Hrad, die Prager Burg, könnte man wohl seitenlang in beeindruckenden Zahlen beschreiben. Auch die Lehrerin aus Liberec erzählt von 925 und den Ursprüngen, von Wasserspeiern, Wappen und natürlich von den Prager Fensterstürzen: Als protestantische Adlige die katholischen Statthalter der Habsburger im Wortsinn aus dem Ostfenster der Burg warfen – und damit den Dreißigjährigen Krieg mitverursachten. Die Betroffenen hatten 1618 den Fall aus

Der Hradschin zeigt sich als „die ganze Pracht der Macht des Landes"

15 Meter Höhe allerdings überlebt, weil sie auf einem Misthaufen landeten. Interessanter für die Schüler ist der Fenstersturz von 1948, als Jan Masaryk, der damalige Außenminister und letzte Nicht-Kommunist im Kabinett, von Unbekannten aus einem Fenster des Außenministeriums geworfen wurde – aber zu dieser Zeit gab es vor den Häusern keine Misthaufen mehr. Masaryk, dessen Vater Tomáš die Tschechoslowakische Republik mitgegründet hatte, wollte „von der Demokratie soviel wie möglich retten", wohl der Grund für die Meucheltat, die jahrzehntelang als Suizid vertuscht wurde. Als gute Lehrerin gelingt es der Pädagogin aus Liberec zum Schluss, die ganze Burg in einen einzigen pathetischen Satz zu packen. Voller Stolz sagt sie: „Hier seht ihr die ganze Pracht der Macht unseres Landes!"

DUMONT THEMA

FRANZ KAFKA

Die Verwandlung

Nach den Schauplätzen von Franz Kafkas Leben zu fahnden, mag noch gelingen. Die Spurensuche nach den Orten in seinen Romanen ist dagegen schwieriger, denn der Schriftsteller verwandelte Prag in einen allegorischen Ort.

"Dies Mütterchen hat Krallen", schrieb Franz Kafka über seine Heimatstadt, die er zeitlebens verlassen wollte, die ihn aber nie aus ihren Fängen ließ. Auch der Besucher ist gefangen von Prags schwermütiger Ausstrahlung. Dabei soll Kafka zwar introvertiert, aber, wie ihn sein bester Freund und Nachlassverwalter Max Brod beschrieb, alles andere als traurig und verzweifelt gewesen sein. Kafkaesk ist da schon eher, dass viele Touristen ihre Spurensuche im „Café Franz Kafka" in der Josefstadt beginnen, wo Kafka definitiv nie gewesen ist. Sein Stamm-Café „Arco" ist dagegen nicht mehr zugänglich, da heutzutage eine Polizeikantine.

Vom Geburtshaus in der Altstadt, wo er am 3. Juli 1883 auf die Welt kam, existiert nur noch das Portal. Die meiste Zeit seiner Kindheit verbrachte Kafka im „Haus Zur Minute" am Altstädter Ring, besuchte ganz in der Nähe das deutschsprachige Gymnasium im Palais Goltz-Kinský, in das auch das Galanteriewarengeschäft des Vaters umzog, für das der Sohn aber kein Interesse zeigte. Der studierte lieber Jura an der Karls-Universität und nahm später eine Stelle bei der „Arbeiter-Unfall-Versicherungs-Anstalt" an, wo sein Arbeitstag um 14.00 Uhr endete. So blieb ihm genügend Zeit zum Schreiben.

Nach mehreren Umzügen fand Kafka schließlich eine Bleibe in der Alchimistengasse der Prager Burg. Nicht mystische Gründe hatten ihn 1916 hierhergebracht, sondern die Suche nach Ruhe zum Verfassen seiner Werke. Wegen seines Lungenleidens folgten Sanatoriumsaufenthalte in der Nähe von Wien, wo er am 3. Juni 1924 starb. Begraben ist er natürlich in Prag auf dem Neuen Jüdischen Friedhof im Stadtteil Vinohrady.

Auf Spurensuche

Gelingt es noch, die realen Orte aus dem Leben des Schriftstellers zu benennen, gestaltet sich die Spurensuche nach den Orten seiner Romane schwierig. Der Dom im „Prozess" wird gerne als St.-Veits-Dom gedeutet, und der Weg, den Josef K. beschreitet, soll der von der Altstadt über die Karlsbrücke zur Kleinseite sein. Im „Urteil" gilt der Moldau-Blick Georg Bendemanns als der Fensterblick der Familie Kafka in der Niklasstraße. Derartig hineininterpretierter Realismus ist bei Kafka natürlich trügerisch, doch Touristen wollen identifizierbare Schauplätze sehen.

Gustav Janouch, der einige Gespräche mit Franz Kafka während gemeinsamer Spaziergänge aufgezeichnet hat, entdeckte seine Heimatstadt durch Kafkas Augen neu: „Er führte mich durch winkelige Gassen in kleine trichterförmige Altprager Innenhöfe, die er Lichtspucknäpfe nannte; er ging mit mir in die Nähe der alten Karlsbrücke durch einen barocken Hausflur, über einen handtuchbreiten Hof mit Renaissance-Arkaden und durch einen dunklen schlauchartigen Tunnel hindurch zu einer winzigen, in einem kleinen Hof eingeklemmten Gaststätte, die den Namen ‚Zu den Sternguckern' trug, weil hier eine zeitlang Johannes Kepler wohnte." Wer sich auf ähnliche Weise auf der Kleinseite, dem Lieblingsviertel des Schriftstellers, durch die Gassen treiben lässt, bekommt vermutlich ein weitaus authentischeres Gefühl für Kafkas Prag, als beim üblichen Schauplätze-Abklappern.

Symbol für Kafkas gespaltene Persönlichkeit: Denkmal in der Dušní bei der Heiliggeistkirche (ganz oben). In der Buchhandlung der Franz-Kafka-Gesellschaft um die Ecke in der Široka (Seite links). Am Kafka Museum (oben)

Fakten

Weitere Informationen unter https://kafkamuseum.cz/de/

Kafka-Führungen in deutscher Sprache bietet die Franz-Kafka-Gesellschaft an (www.franzkafka-soc.cz).
Für Selbstentdecker: Kafkas Örtlichkeiten in Prag findet man unter www.prague.fm/de/9845/das-prag-von-kafka/

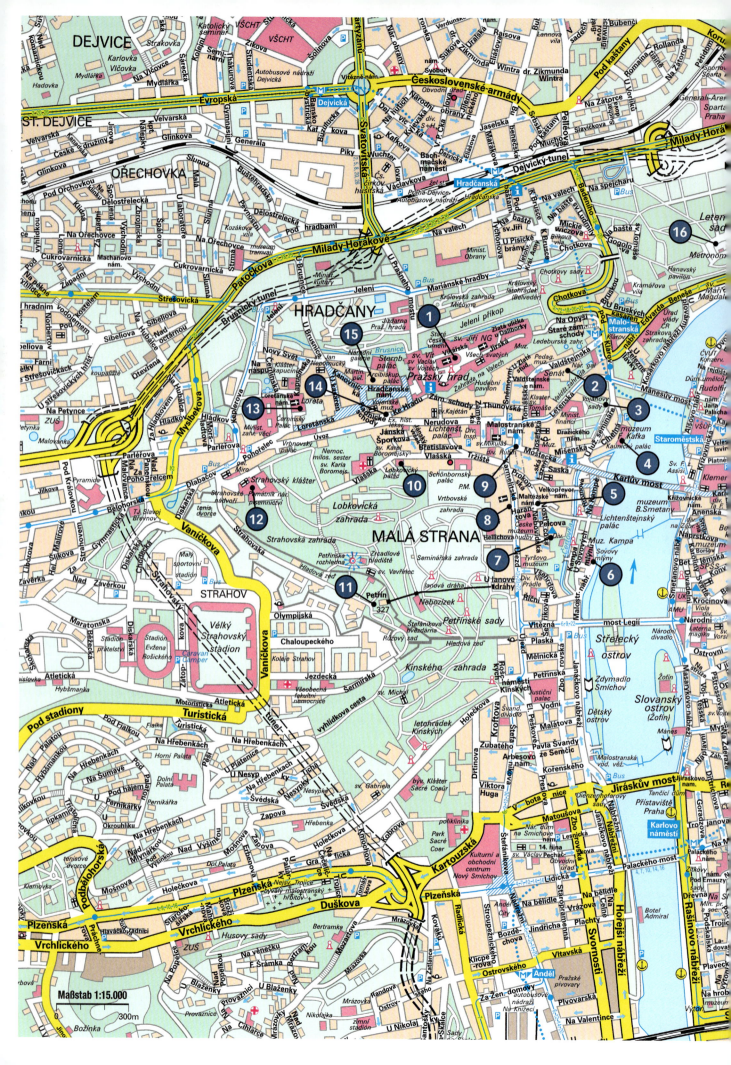

INFOS & EMPFEHLUNGEN

MALÁ STRANA · HRADČANY

Die kleine Seite von Prag ...

... erweist sich bei genauerer Betrachtung als vielleicht nicht richtig groß, aber doch recht mächtig. Malá Strana, die Kleinseite, und Hradčany, das Burgviertel, gehören jedenfalls zu den Höhepunkten bei jedem Prag-Aufenthalt. Museumsbesuche ausgenommen, lässt sich beides gut in einem Tag erkunden.

● Malá Strana

Die Kleinseite besticht durch ihr architektonisches Gesamtbild, gibt es doch kaum ein Haus, das später als im 18. Jh. erbaut wurde.

SEHENSWERT

Von der Karlsbrücke oder noch besser von der Brücke der Legionen (Most Legií, mit tollem Panoramablick) kommend, ist es praktisch, sich dem Viertel vom Süden zu nähern und mit eher untypischen Sehenswürdigkeiten zu beginnen. Am Teufelsbach (Čertovka) befinden sich niedliche Wohnhäuschen, und das restaurierte Mühlrad (Mlýnské Kolo) dreht sich ohne Unterlass. Daneben hängen auf der **Kampabrücke** (Most Kampě) unzählige Schlösser, die Verliebte aus aller Welt als Zeugnis ihrer Zuneigung für immer verschlossen haben. Während die nahe ❼ **John-Lennon-Mauer** (Lennonova zed, Velkopřevorské náměstí) in den 1980er-Jahren zum Symbol für alle Systemkritiker wurde – Lennons Liedtexte und politische Parolen forderten schließlich Freiheit. Seit der politischen Wende kann jeder seine Meinung oder Malereien anbringen; 2003 verewigte sich Lennons Witwe Yoko Ono. In unmittelbarer Nähe befindet sich seit dem 12. Jh. die älteste Kirche der Kleinseite, **Maria unter der Kette** (Kostel Panny Marie pod řetězem; nur zu Gottesdiensten geöffnet).
Über den ❺ **Malteserplatz** (Maltézské náměstí) mit der Japanischen Botschaft im Rokoko-Palais Turba (Turbovský Palác) kommt man zur Kirche **St. Maria de Victoria** (U Pražského Jezulátka); ihr wächsernes „Prager Jesulein" ist ein Pilgerziel und trägt bis zu 46 wertvolle Gewänder, darunter ein Kleidchen, das die österreichische Kaiserin Maria Theresia eigenhändig stickte (s. Tipp auf S. 62).
Eine Tram-Haltestelle weiter wartet mit dem ❾ **Kleinseitner Ring** (Malostranské náměstí) das Zentrum des Viertels – zur Zeit der Stadtgründung von 1257 noch mit Pranger und Galgen ... Beherrschendes Bauwerk – und mitten auf dem Platz errichtet – ist die **Niklaskirche** TOPZIEL (Kostel svatého Mikuláše, 1704–1761), ein barocker Prachtbau der Familie Dientzenhofer. Die mächtige grüne Kuppel ist mitbestimmend für die ganze Prager Silhouette; das

Skulptur „Quo Vadis" im Garten der deutschen Botschaft (links). „Prager Jesulein" (rechts oben). Kleinseitenidylle in der Janska (rechts unten)

Innere wirkt verschwenderisch: Marmor, Stuck, vergoldete Schnitzereien, das riesige Kuppelfresko, die mit Goldschmuck gefertigte Kanzel und die wuchtige Orgel, auf der Mozart 1787 ein Konzert gab (März–Okt. tgl. 9.00–17.00, Nov.–Feb. bis 16.00, Turm April–Sept. tgl. 10.00 bis 22.00, Okt. und März bis 20.00, Nov.–Feb. bis 18.00 Uhr). Vor der Westfassade steht die **Pestsäule** (Morový Sloup), östl. das nicht zugängliche **Kleinseitner Rathaus** (Malostranské radnice, 15. und 17. Jh.), ums Eck die **Thomaskirche** (Kostel svatého Tomáše) aus dem 14. Jh.
Egal, in welche der abgehenden Straßen man nun einbiegt, überall begegnen dem Besucher feudale Paläste, vornehmlich aus dem 16. Jh.: etwa der **Palast des Tschechischen Parlaments** (Thunovský palác) oder das herausragende ❷ **Palais Waldstein** (auch Wallenstein, Valdštejnský palác) mit seinem wunderschönen Garten. Sein Erbauer wollte mit dem 1630 vollendeten Bau selbst die Prager Burg in den Schatten stellen. Der Rittersaal ist zwei Stockwerke hoch, und das Deckenfresko zeigt den kaiserlichen Feldherrn Albrecht von Wallenstein (1583–1634) als Kriegsgott Mars auf einem Triumphwagen. Skurril muten im Garten die schwarzen Tropfsteingebilde an (Juni–Sept. Sa. bis So. 10.00–18.00, April/Mai und Okt. bis 17.00 Uhr). Knapp 500 m weiter nördl. ist am Ufer die Regierung von Tschechien untergebracht, mit herrlicher Fassade zur Moldau, die nur vom rechten Flussufer einsehbar ist.
Der Weg von Malá Strana hoch zur Prager Burg sollte über die ⓴ **Nerudagasse** (Nerudova) erfolgen, benannt nach dem Prager Journalisten und Nationaldichter Jan Neruda (1834–1891) und eine der schönsten Sträßchen der Kleinseite. Typisch sind die Hauszeichen an den Gebäuden. Sie waren früher quasi die Hausnummern und wiesen oft auf die Tätigkeit der Bewohner hin. Der Geigenbauer wohnte im Haus „Zu den drei Geigen", im „Goldenen Kelch" gab es ein Wirtshaus, und in der Nummer 47, dem Haus „Zu den zwei Sonnen" (U Dvou Slunců) wohnte Neruda. Zu Malá Strana gehört auch der weitläufige Park am ⓫ **Laurenziberg** (Petřín), dem mit 318 m höchsten der sie-

INFOS & EMPFEHLUNGEN

ben Hügel Prags. Besuchenswert sind das Spiegellabyrinth (Bludiště, variierende Öffnungszeiten), ein visueller Irrgarten, und die Sternwarte (Rozhledna; Mo.–Fr. 8.30–20.00, Sa. 10.30 bis 20.00, So. 10.30–18.30 Uhr). Der 60 m hohe, meist als Petřín bezeichnete Eisenturm wurde 1891 als Kopie des Pariser Eiffelturms errichtet. 299 Stufen führen auf die Aussichtsplattform mit dem schönsten Blick über Prag. Eine Standseilbahn im viktorianischen Stil bringt Lauffaule von der Újezd auf den Hügel (tgl. 9.00–23.30 Uhr). Der Petřín ist Spielort in Franz Kafkas „Beschreibung eines Kampfes" und Milan Kunderas „Die unerträgliche Leichtigkeit des Seins".

Am Parkrand sind die Botschaften der USA – im **Palais Schönborn** (Schönbornský palác, Tržiště; ab 1650), in dem 1917 auch kurzzeitig Kafka wohnte – und der Bundesrepublik Deutschland (⑩ **Palais Lobkowitz**, Vlašská; um 1705; nicht zu verwechseln mit dem Lobkowiczký palác in der Burg) zu finden. Das Palais ist eines der bedeutendsten und prachtvollsten in Prag. 1989 gelangte es in die Geschichtsbücher, als im Sept. 1989 rund 4000 DDR-Bürger dort Zuflucht suchten. Drei Monate danach war auch das kommunistische System der damaligen ČSSR zusammengebrochen und der ehemalige Dissident Václav Havel neuer Präsident des Landes. Im Garten erinnert die Plastik „Quo Vadis" von David Černý an die dramatischen Ereignisse: ein „Trabant" auf Beinen.

MUSEEN
Das ④ **Museum Franz Kafka** (Muzeum Franze Kafky, Cihelná 2b, https://kafkamuseum.cz/de; tgl. 10.00–18.00 Uhr) ist eine düstere Angelegenheit, für Kafka-Interessierte aber lohnend. Kurios ist die Skulptur des Künstlers David Černý im Hof: Zwei Männer pinkeln in einen Teich in der Form Tschechiens; der Pinkelstrahl lässt sich per SMS steuern. Ein weiteres Werk dieses Künstlers steht direkt vor dem – ein

Tipp
Lateinamerika in Prag

Wer an der Haltestelle Hellichova aus der Tram 12, 15, 20 oder 22 steigt, hört plötzlich kein Tschechisch mehr. Dafür sprechen fast alle zwischen Straßenbahn und Kirche St. Maria de Victoria Spanisch. Die Ursache dafür ist 47 cm groß, aus Wachs, fein gewandet und seit knapp 400 Jahren – damals aus Spanien kommend – in Prag. Hoch oben auf einem Marmoraltar thront das „Prager Jesulein", alljährlich von hunderttausenden, vornehmlich spanischen oder südamerikanischen Besuchern angefleht und angebetet. Petr Glogar, der Priester der Kirche, im Volksmund ebenfalls „Prager Jesulein" genannt, sieht tagtäglich Tränen der Freude, Dankbarkeit und Enttäuschung. Es gehört zum Ritus, sich vom Jesulein Wünsche zu erbitten und sich bei einer weiteren Reise dafür zu bedanken, egal wie es ausgegangen ist mit dem Wunsch …

INFORMATION
⑧ St. Maria de Victoria, Karmelitská; Mo.–Sa. 8.30–19.00, So. 8.30 bis 20.00 Uhr

breites Spektrum moderner Kunst des 20. Jh. präsentierenden – ⑥ **Kampa-Museum** (Muzeum Kampa, U Sovových mlýnů 2 www.museumkampa.com; tgl. 10.00–18.00 Uhr): Drei Riesenbabys krabbeln nackt auf dem Boden. Sie haben weder Augen noch Nase, der Mund zieht sich senkrecht über das Gesicht und wirkt wie mit einem Strichcode zugetackert.

ERLEBEN
Vor oder nach dem Museumsbesuch bietet sich ein Spaziergang auf der **Halbinsel Kampa** zwischen Moldau und Teufelsbach (Čertovka) an. Er ermöglicht herrliche Blicke und bietet Fotomotive auf Kleinseite, Burg, Karlsbrücke und Smetanaufer. Auch der älteste Garten Prags, der ③ **Vojanovy sady** aus den 1920er-Jahren, bietet sich für einen Spaziergang oder ein Päuschen an.

VERANSTALTUNG
Die Halbinsel Kampa ist Zentrum des **United Islands International Music Festival** im Juni, bei dem es kostenfreie Pop-Konzerte auf vier Moldau-Inseln gibt (www.unitedislands.cz).

EINKAUFEN
In einer der ältesten **Konditoreien**, „U Bílého Preclíku" von 1678 in der Karmelitzka 12, gibt es so manche süße Verführung, kleine Gerichte und bis heute den Namensgeber: weiße Brezeln.

UMGEBUNG
Flussabwärts stand einst am ⑯ **Letná,** einem beliebten Naherholungsgebiet, das größte Stalin-Monument der Welt. Auf der Aussichtsplattform, die nach seiner Sprengung hier entstanden ist, pendelt heute ein nicht immer aktives Metronom.

● Hradčany

Das Burgviertel ist eine eigene, fast abgeschlossene Welt, was insbesondere für die Burg selbst gilt.

Die St.-Georgs-Basilika neben der St.-Veits-Kathedrale (links). Kafka-Museum (rechts oben). Bibliothek im Kloster Strahov (rechts unten)

SEHENSWERT
Die ① **Prager Burg TOPZIEL** (Pražský Hrad) ist mit 450 m Länge und 150 m Breite das größte geschlossene Burgareal der Welt und Hauptattraktion des Landes. Ab 925, den Ursprüngen, entwickelte sich das Ensemble Stück für Stück, war Domizil von Kaisern, Königen und ist seit 1918 Sitz des Staatspräsidenten, aber seit jeher auch kirchliches Machtzentrum, besonders seit der Ernennung Prags zum Bischofssitz 973. Vom Haupteingang am **Hradschinerplatz** (Hradčanske náměstí) gelangt man über drei Burghöfe zum **Königspalast** (Královský palác; bis 16. Jh. mit Wladislawsaal von 1502), der zusammen mit dem Damenstift und dem **Lobkowicz-Palast** (Lobkoviczký palác; Museum in Privatbesitz) aus der Renaissance die Südfront zur Stadt bildet. Die nördliche Front wird von drei Türmen beherrscht. Direkt am Weißen, dem ehem. Gefängnisturm findet sich das **Alchimistengässchen**, meist das Goldene (Zlatá ulička) genannt. Erbaut wurden die elf Häuschen für die Burgwachen, später zogen die Goldschmiede ein. Umgeben ist die Anlage, vom Hradschinerplatz abgesehen, von begrünten Burggräben (tgl. 6.00–22.00, eintrittspflichtige Bereiche 9.00 bis 16.00, April–Okt. bis 24.00 bzw. 17.00 Uhr).

Dominiert wird die Anlage, 70 m über der Stadt, vom **St.-Veits-Dom** (Katedrála svatého Víta). Die Entstehung des Gotteshauses erstreckte sich über Jahrhunderte – von 1344, der ersten Bauphase, bis 1770, als der Domturm eine neue Spitze erhielt. Sowohl die Außenfassade mit den markanten Wasserspeiern als auch das Innere mit den Königsgräbern, darunter von Karl IV. und Wenzel IV., zeigen ein Bauwerk aus drei Stilepochen: Gotik, Renaissance und Barock. Der Turm ist 96 m hoch, der Dom 124 m lang (tgl. 9.00–17.00 Uhr), in dessen St.-Wenzels-Kapelle die Krönungsinsignien aufbewahrt werden, inklusive der goldenen 2,5 kg schweren Wenzelskrone, die nur sehr selten der Öffentlichkeit gezeigt wird. Im Schatten der Kathedrale steht die 915 geweihte, wiederholt umgestaltete **St.-Georgs-Basilika** (Bazilika svatého Jiří) von 915, der bedeutendste romanische Bau Prags.

In den Gartenanlagen nördl. des Festungswerks lohnt ein Spaziergang zum Lustschloss der Königin Anna (Letohrádek Královny Anny; 1538–1563), bekannt auch unter dem Namen **Belvedere**. Es gilt als eines der reinsten Renaissancegebäude außerhalb Italiens.

MUSEEN

Im ⓯ Renaissance-**Palais Schwarzenberg** (Schwarzenberský palác, Hradčanské náměstí 2) vor dem Haupteingang der Burg präsentiert die **Nationalgalerie Prag** Werke der Renaissance und des Barock, entstanden in den Ländern der Böhmischen Krone (www.ngprague.cz; Di.–So. 10.00–18.00 Uhr). Ebenfalls am Hradschiner Platz lädt das **Palais Sternberg** (Šternberský palác, Hradčanské náměstí 15) zu europäischer Kunst ein: von byzantinischen Ikonen bis zu Gemälden von Dürer, Rembrandt und Rubens (www.ngprague.cz; Di.–So. 10.00 bis 18.00 Uhr).

ERLEBEN

Im ersten Burghof findet tgl. 12.00 Uhr der **Wechsel der Wachposten** statt.

UMGEBUNG

300 m westl. liegt die ⓭ **St.-Loreto-Kirche** (Kostel svatého Loreto, Loretánské náměstí 5) aus dem 18. Jh. – steingewordene Gegenreformation, Marienwallfahrtsort und Heimat einer Schatzkammer; in ihr ist u. a. die mit 6222 Diamanten verzierte Monstranz „Prager Sonne" (1699) zu sehen (www.loreta.cz; tgl. April–Okt. 9.00–17.00, Nov.–März 9.30–16.00 Uhr). Noch ein paar Schritte weiter gelangt man zum ⓬ **Kloster Strahov TOPZIEL** (Strahovský klášter). Für Besucher steht die Bibliothek im Mittelpunkt: Abgebildet ist meist der Theologische Saal mit den markanten Globen; einst beherbergte er die gesamte Klosterbibliothek, seit 1790 stehen dort nur noch theologische Werke wie die Handschrift „Evangeliar von Strahov" aus dem 9. Jh. Eindrucksvoller ist der größere, zweistöckige Philosophische Saal mit den säkularen Werken. Das Deckenfresko von Franz Anton Maulpertsch (1794) ist atemberaubend (www.strahovskyklaster.cz; tgl. 9.00–12.00 und 13.00–17.00 Uhr).

Genießen   Erleben   Erfahren

DuMont Aktiv

Wie einst Ivan Lendl

Wer beim Tenisový Klub Sparta Prag aufschlägt, spielt auf dem National Training Center für Tennis in Tschechien. Dort werden schon die Jungen auf Spitzenniveau getrimmt, Weltklassestars sind zu sehen, aber trotzdem wird man als Hobby-Spieler nicht schräg angeschaut.

Auf Court 5 trainiert gerade Ondřa Dohnal mit seiner Top-Schülerin Lucie, Jahrgang 2004 und auf dem Weg in den Profisport. Zwei Plätze weiter beobachtet der Trainer der 1. Mannschaft von TK Sparta, David Kunst, den erst 20 Jahre alten Patrik Rikl, und schon einer der besten Spieler Tschechiens. So kann man beinahe jeden Tag entweder die Stars von heute oder die von morgen auf dem idyllisch gelegenen Club-Gelände nahe der Moldau beim Training beobachten. Ein großes Plakat weist aufs nächste Turnier auf den Sparta-Plätzen hin: Es ist mit 100 000 US-Dollar dotiert. Und auf einem dieser Courts kann man auch selber einen Platz mieten und das Beste aus seiner Vor- und Rückhand herausholen. Oder eine Trainerstunde nehmen, etwa bei Ondřa Dohnal, der hervorragend Deutsch spricht.

Der Tennis Klub Sparta wurde 1905 gegründet, und viele tschechische Tennisstars sind auf den gepflegten Plätzen an der Moldau groß geworden: die Tennislegende Martina Navrátilová, die bislang vielleicht beste Tennisspielerin, die vierfache Grand-Slam-Gewinnerin Hana Mandlíková, die Wimbledon-Sieger Petra Kvitová und Jan Kodeš. Selbst Ivan Lendl, bester Spieler der 1980er-Jahre, taucht bei Sparta auf, wenn er in Prag ist. „Er ist immer noch topfit und spielt auch mit 59 Jahren brillantes Tennis", urteilt Ondřa Dohnal in einer kurzen Pause. Denn sein zweiter Schützling wartet schon: Jaromír, sieben Jahre alt, der einmal werden will wie Ivan Lendl …

Weitere Informationen

Plätze (ab 300 CZK) und Trainerstunden (ab 600 CZK) müssen rechtzeitig reserviert werden. Aufgrund der etwas abgelegenen-versteckten Lage in Prag-Holešovice empfiehlt es sich, mit dem Taxi oder ausnahmsweise mit dem eigenen Fahrzeug (es gibt genügend Parkplätze) zu kommen (Za Císařským Mlýnem 2, Tel. 23 3 32 42 83, recepce@tkspartapraha.cz).

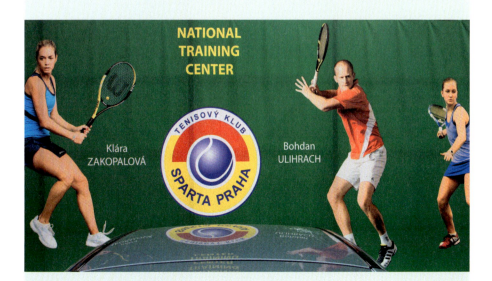

Nicht alles neu in Neustadt

Man sollte sich nicht täuschen lassen – Nové Město, die Neustadt und heute das Zentrum im Prager Geschäftsleben, ist nicht so jung, wie man vielleicht meint. 1348 gilt als ihr Geburtsjahr. Vyšehrad hatte zu diesem Zeitpunkt bereits einiges erlebt. An die heutigen Prager In-Viertel Vinohrady, Holešovice und Smíchov wurde dagegen noch nicht einmal gedacht.

Der Prager Wenzelsplatz ist ein Schicksalsort Tschechiens

Den Prager Wenzelsplatz säumen die architektonisch unterschiedlichsten Bauten – herausragend ist das „Grand Hotel Europa" in Jugendstilformen (unten links und rechts, bis Ende 2020 allerdings eingerüstet), in denen sich auch der Hauptbahnhof zeigt (oben rechts). Tschechischen Humor spiegelt die Lucerna-Passage (oben links)

Am oberen Ende schließt das imposante Hauptgebäude des Nationalmuseums den Wenzelsplatz ab

„Weil selbst die Edlen vor einer Schwelle niederknien müssen, sollt ihr der Burg den Namen Praha geben."

Seherin Libuše im 10. Jahrhundert. Práh heißt übersetzt Schwelle.

Was ist nicht alles auf diesem Platz passiert! Und was hat dieser stolze Ritter hoch zu Ross nicht alles erlebt! Es ist der bedeutendste politische Versammlungsort Tschechiens. Obgleich dort lange Zeit nur typisches Markttreiben herrsche: Vor allem Pferde wurden begutachtet und verkauft. Doch am 28. Oktober 1918 bekam dieser Rossmarkt eine politische Dimension: Die Tschechoslowakische Republik wurde ausgerufen. Der Erste Weltkrieg war zu Ende, die Donaumonarchie Österreich-Ungarn zerbrach, und das Land war bereit für die nationale Selbstbestimmung.

Die so lange nicht währte, weil nach dem Zweiten Weltkrieg eine kommunistische Diktatur die Macht übernahm. Den Widerstand dagegen – bekannt unter dem Namen Prager Frühling – beendete 1968 der Einmarsch der Truppen des Warschauer Pakts. Innerhalb weniger Stunden wurden alle strategisch wichtigen Plätze des Landes besetzt, auch der ehemalige Rossmarkt in Prag. Kurze Zeit später verbrannte sich dort aus Protest der Student Jan Palach. Er wurde zur Fackel 1. Einen Monat später starb am selben Platz sein Kommilitone Jan Zajíc, wieder selbst gewählt in Flammen stehend als Fackel 2 … Ein kleines Mahnmal erinnert bis heute an das Geschehen. Und bis heute legen die Prager dort Blumen nieder oder verweilen respektvoll.

Es dauerte jedoch 21 Jahre, ehe auf dem Platz doch noch der Umsturz gelang: Die Prager demonstrierten in Massen für Freiheit wie Reformen, und die Samtene Revolution beendete schließlich das kommunistische Regime. Die Köpfe der gewaltfreien Bewegung hießen Václav Havel und Alexander Dubček. Vom Balkon des Hauses mit der Nummer 56 rief Havel die berühmten Worte: „Die Wahrheit und die Liebe siegen über Lüge und Hass!"

Das umgedrehte Pferd

Václavské náměstí symbolisiert die Geschichte Tschechiens im 20. Jahrhundert wie kein anderer Ort im Land. Und auf seinen 750 Metern Länge zeigt sich heute der Alltag im 21. Jahrhundert. Dieser Platz ist kein Bilderbuchplatz, kein schickes Wohnzimmer. Es gibt Ecken und Kanten, Bratwurstbuden und Casinos, Restaurants, Cafés und Hotels, Geschäfte über Geschäfte. Schulklassen gehen hier auf Exkursion und Schlepper auf Kundenfang, um für zwielichtige Spelunken in den Seitenstraßen zu werben. Für die

In der New Scene, dem Domizil auch der Laterna Magica, spiegelt sich das Nationaltheater, im 19. Jahrhundert von den Bürgern Prags finanziert

„Goldenes Kapellchen" nennen die Prager treffend ihr Nationaltheater

Das Ständetheater ist, wie der Name schon ausdrückt, ein herrschaftlicher Rokokobau, in dem 1787 Mozarts Oper „Don Giovanni" zur Uraufführung kam

Die Laterna Magica vereint alle Möglichkeiten der Bühnentechnik

Mode ist der Platz wie ein Laufsteg: Was trendy ist, wird sofort, scheinbar wie auf Knopfdruck, von allen Mädchen und jungen Frauen zu Markte getragen – unisono. Während die Touristen allesamt zum Museum strömen oder die berühmte Reiterstatue des Wenzel von Böhmen fotografieren. Im zehnten Jahrhundert war er Fürst und Herrscher einer Region um Prag. Seit 1912 sitzt der Patron der böhmischen Länder als Reiter stolz und stoisch auf seinem Pferd, begleitet von den vier Schutzheiligen Böhmens zu seinen Füßen. Wer sich verabredet, trifft sich gern „unterm Schweif" oder „beim Pferd" – und jeder weiß, was gemeint ist.

Doch die Tschechen wären nicht die Tschechen, wenn sie ein weltbekann-

Das Prager Nationaltheater war die Wiege so mancher Musikerkarriere.

tes Wahrzeichen nicht auch mit Ironie betrachtet auf den Kopf stellen könnten. So geschehen von David Černý, der unter der großen Glaskuppel der nahen Lucerna-Passage einen Ritter zeigt, der auf dem Bauch seines an allen Vieren aufgehängten toten Pferds sitzt. Der 52 Jahre alte und an vielen Orten der Stadt präsente Prager Bildhauer provozierte mit dieser Persiflage auf das Reiterdenkmal und meinte spitz: Es solle so lange hängen bleiben, bis Tschechien wieder eine Monarchie sei ...

Gehrys tanzendes Haus
Im Hochsommer, wenn Wassertanklaster den heißen Asphalt besprühen, um den Staub zu binden, ist ein Spaziergang entlang der Moldau sehr angenehm. Westlich vom Karlsplatz, dessen Geschichtspotential sich auf den ersten und blutigsten der drei Prager Fensterstürze beschränkt, die Resslova hinunter, beginnt beim „Tanzenden Haus" von Frank

Das „Tanzende Haus" zeigt Frank O. Gehrys ungewöhnliche Architektur am Rašinovo nábřeži an der Moldau

Herrlicher kann die Kulisse kaum sein: Restaurantschiff „Marina Grosseto"

Die Technische Nationalbibliothek Prag ist auf dem Campus der Technischen Hochschulen im hinter dem Hradschin liegenden Prager Stadtteil Dejvice zu finden

Auf dem Weg nach oben: Prager Fernsehturm mit Skulpturen von David Černý

Vietnamesen in Prag

Die Bananenkinder

Special

Ob Zentrum oder Plattenbau: Vietnamesen-Geschäfte sind aus dem Stadtbild nicht wegzudenken.
Die Dekoration ist unübersichtlich, Schnaps neben Shampoo, Kekse neben Mineralwasser. Ahnung haben die Vietnamesen in Prag dagegen von Service. Viele ihrer familiengeführten Lebensmittel-, Getränke- und Gemüseläden sind bis Mitternacht geöffnet, 365 Tage im Jahr. Die Prager kaufen gern in den kleinen Läden, schimpfen aber ebenso gern, die Vietnamesen sprächen kein gutes Tschechisch, würden sich nicht integrieren. Die Sprache aber ist enorm schwierig, und die Tschechen haben eine abgeschlossene Kultur. Von den 60 000 Vietnamesen sind einige bereits seit den 1970ern im Land, und auf jeden Legalen kommt meist ein Illegaler. Leichter hat es die zweite Generation, Bananenkinder genannt – außen gelb und innen weiß. Gut ausgebildet, arbeiten sie längst nicht mehr nur in den Läden ihrer Eltern ...

Gehry eine bis zum Nationaltheater reichende Fassadenpracht, wie sie ihresgleichen sucht. Gehrys wellig-geschwungener Bau, der an der Resslova-Seite an eine Tänzerin erinnert, steht dabei in starkem Kontrast zu den umliegenden Gebäuden mit Feen und Faunen, Engeln und Herkulessen, barbusigen Frauen und wüsten Männern, Verzierungen und überbordenden Balkonen, auf denen vor lauter Jugendstil kaum mehr Platz bleibt. Am besten geht man das Stück am Nachmittag, wenn die Sonne diese architektonische Pracht auch noch ins rechte Licht setzt – „... Mode in der Zeit der Jahrhundertwende bis zum Jugendstil. Sie zeigte Reichtum und gab Prestige. Und es war die Zeit des Eklektizismus. Man nahm sich, was man so brauchte und gut fand aus vergangenen Epochen, um das neue Bauwerk zu gestalten", erklärt der Historiker Ivo Hříbek. Wer mehr davon sucht: Auch der Weg moldauaufwärts Richtung Vyšehrad lohnt sich. Dabei kann man dann gleich den Hügel besuchen, auf dem die Kirche St. Peter und Paul thront und die Seherin und Prinzessin Libuše der Stadt Prag vor mehr als tausend Jahren eine glorreiche Zukunft prophezeite: „Ich sehe eine große Stadt, deren Ruhm bis zu den Sternen reichen wird." Eine Legende, die jeder Prager auswärtigen Gästen gern und stolz erzählt.

Dem Letná gegenüber warten die Ausflugsdampfer auf Fahrgäste (oben links). Den Heiligen Petrus und Paulus ist die Kirche auf dem Vyšehrad gewidmet (oben rechts), zugleich ein stiller Treff (unten links). Hinter dem Grün des Karlsplatzes ragt das Neustädter Rathaus auf (unten rechts)

Die Sache mit der Weltkultur

Stolz sind die Prager – keine Frage. Auf ihre schöne Stadt, auf ihre hübschen Frauen, auf ihre deftige Küche, auf ihre Eishockey- und Tennisspieler natürlich… Doch in jedem Prager steckt ja auch ein kleiner Schwejk, wie die Romanfigur immer ein bisschen schlitzohrig, aber dennoch in seiner Bierruhe verweilend. Probleme werden da nicht richtig beseitigt, sondern eher ausgiebigst besprochen und schließlich geschickt umgangen. Vielleicht trägt Prag deshalb immer noch seinen Welterbestatus? Im Jahr 2017 feierte man immerhin schon das 25-jährige Jubiläum der Ernennung des historischen Zentrums der Stadt als Welterbestätte. Doch der begehrte Status war auch schon mal gefährdet. Die UNESCO warnte, bei weiteren Hochhäusern im Stadtteil Pankrác, ca. sechs Kilometer Luftlinie vom Zentrum entfernt, könne der Welterbestatus verloren gehen. Die Stadt gab zwar nicht klein bei und bestätigte die Baugenehmigung für die Skyscraper. Errichtet wurde bislang aber nur einer – noch ohne Folgen. Schwejk hätte es wohl nicht besser gemacht.

Ein Viertel wird hip

Bleibt eine kleine Zeitreise in die kommunistische Vergangenheit. Zumindest, was die Architektur angeht, sollte man sich mal mit der Metro zum Bahnhof Smíchov begeben, um kurz ins triste Leben einzutauchen, wie es vor 1989 gewesen sein muss. Aber man sollte sich beeilen, denn für das Arbeiterviertel Smíchov, bekannt als Standort für die Großbrauerei Staropramen, liegen bereits vom Rat der Stadt Prag abgesegnete Pläne in der Schublade, stolze 15 Milliarden Kronen schwer, um aus dem tristen Eisenbahner- ein modernes Wohn-, Büro- und Einkaufsviertel zu machen. Mit den ersten Um- und Neubauten ging es bereits los. Und so wird sich Smíchov bald zu den beiden In-Vierteln Vinohrady und Holešovice gesellen, die längst als feine Wohn- und hippe Ausgehviertel gerühmt werden.

INFOS & EMPFEHLUNGEN

NOVÉ MĚSTO · VYŠEHRAD

Rund ums Zentrum ...

... der Hauptstadt wird auch noch einiges geboten: Pražské Nové Město, die Prager Neustadt, ist das Zentrum der Einheimischen, in Vyšehrad dagegen spielt eine ihrer liebsten Legenden. Smíchov wandelt sich gerade vom ehemaligen Arbeiter- zum In-Viertel, wie es Holešovice und Vinohrady schon lange sind.

● Holešovice

Holešovice hat sich vom Messe-, Industrie- und Schlachthof- zum Ausgehviertel mit Clubs, Restaurants und Galerien entwickelt.

SEHENSWERT

Ein architektonisches Juwel auf dem ❶ **Messegelände Výstaviště Praha** ist der Industriepalast (Průmyslový palác) im neubarocken Stil, entstanden anlässlich der Prager Jubiläumsausstellung 1891, die seinerzeit von 2,5 Mio. Menschen besucht wurde (nur zu Veranstaltungen geöffnet).

MUSEEN

Der Ausstellungspalast **Veletržní palác**, gebaut im Stil des Funktionalismus, beherbergt seit den 1990er-Jahren die bedeutendste Kunstsammlung des 20. und 21. Jh. des Landes. Die Nationalgalerie (Národní Galerie) zeigt dort Werke der Bildhauerei und Malerei, darunter Cézanne, Chagall, Gauguin, van Gogh und das berühmte Selbstbildnis von Pablo Picasso (www.ngprague.cz; Di.–So. 10.00–18.00 Uhr, Metro C Nádraží Holešovice). Privat geführt, (noch) ohne die ganz großen Namen, aber näher am Zeitgeist konkurriert das **Dox-Zentrum für zeitgenössische Kunst** (Dox Centrum Současného Umění) um die Gunst des hippen Publikums (Poupětova 1, www.dox.cz; Mi.–Mo. Kernöffnungszeit 11.00–18.00 Uhr, Tram 6, 12, Metro C Nádraží Holešovice).
Im **Lapidárium** (Lapidárium), einer Außenstelle des Nationalmuseums im Ausstellungspalast, sind tschechische Steinskulpturen vom 11. bis 19. Jh. ausgestellt, darunter Originale der Karlsbrücke (Výstaviště 422, www.nm.cz; Mai–Nov. Mi. 10.00–16.00, Do.–So. 12.00–18.00 Uhr).

AKTIVITÄTEN

Die ❸ **Štvanice-Insel** (Ostrov Štvanice) bietet für Sommertage ein Schwimmbad samt Sonnenwiese, aber auch Minigolf- und Tennisplätze.

EINKAUFEN

Wer die Asien-Märkte an den deutsch-tschechischen Grenzen links liegen ließ, kann einen Besuch im größten ❷ **Prager Markt** (Pražská tržnice) in und um die alten Schlachthöfe von Holešovice nachholen, wo hauptsächlich Vietnamesen günstig Textilien, Schuhe, Taschen und Krimskrams aller Art anbieten. Man muss

Die Messeprachtbauten des Výstaviště Praha (links). Alles unter einem Dach: Einkaufen im „Palladium" (rechts).

allerdings fleißig handeln ... (Bubenské Nábřeží 13; Mo.–Sa. 8.00–18.00 Uhr).

VERANSTALTUNG

Die **St.-Matthäus-Messe** (Matějskápout, www.matejskapout.cz) ist so etwas wie das Oktoberfest Tschechiens, findet allerdings im Frühjahr (meist März) auf dem Messegelände statt: eine altehrwürdige Tradition seit mehr als 400 Jahren.

UMGEBUNG

Nordwestl. des Messegeländes im Stadtteil Troja gelegen, sind im **Prager Zoo** (Zoo Praha) mehr als 5000 Tiere und 676 Tierarten zu sehen (U Trojského zámku 3, tgl. Juni–Aug. 9.00–21.00, Frühjahr bis 18.00, Winter bis 16.00 Uhr, Bus 112 ab Metro C Nádraží Holešovice, www.zoopraha.cz).

● Pražské Nové Město

Die Prager Neustadt ist mit gut 50 000 Einw. das größte Innenstadtviertel und ein Geschäftszentrum von der Straße der Nationen (Národní třída) bis zum Platz der Republik (Náměstí republiky).

SEHENSWERT

Der ❾ **Wenzelsplatz** TOPZIEL (Václavské náměstí) ist der Touristenmagnet der Neustadt. Der 750 m lange und 60 m breite Platz mit dem Denkmal der Opfer des Kommunismus (Fackel 1 und 2) und diversen Fassaden unterschiedlichster Architekturstile wird beherrscht vom erhöht stehenden Wenzelsdenkmal (Pomník Václava, 1913). Die Persiflage dazu findet man in der nahen Lucerna-Passage (Eingang via Štěpánská).
Am oberen Ende neben Nationalmuseum und dem ehem. Gebäude der Föderalversammlung lohnt ein Blick auf die schöne **Staatsoper** (Státní Opera, 19. Jh.), meist Smetana-Theater genannt (nur zu Veranstaltungen geöffnet). Am unteren Ende des Platzes steht, etwas versteckt ums Eck, unscheinbar die einzige kubistische Straßenlaterne und die unvollendete ❽ **Kirche Maria Schnee** (Kostel Panny Marie Sněžné) mit dem öffentlichen Franziskanergarten; das Gotteshaus ohne Turm besitzt das höchste Mittelschiff Prags (34 m, 17. Jh.; tgl. 7.00–19.00 Uhr).
Noch größer als der Wenzelsplatz ist der ⓫ **Karlsplatz** (Karlovo náměstí), dessen Herzstück ein Park mit Beeten und Statuen aus dem 19. Jh. ist. Markante Gebäude sind der

INFOS & EMPFEHLUNGEN

mächtige Querbau der Technischen Hochschule von 1867, die Kirche St. Ignatius mit dem angeschlossenen, monumentalen ehem. Jesuitenkolleg, seit dem 18.Jh. ein Krankenhaus, sowie das oftmals umgestaltete **Neustädter Rathaus** (Novoměstská radnice, Urspr. 1348), 1419 Schauplatz des ersten Prager Fenstersturzes, mit dem die Hussitenkriege begannen. Der 70 m hohe Turm kann über 221 Stufen erstiegen werden (April–Nov. Di.–So. 10.00–12.00 und 13.00–18.00 Uhr). An der Moldau reihen sich ab dem 1883 eingeweihten ❼ **Nationaltheater** (Národní divadlo) mit seinem weithin sichtbaren goldenen Dach Dutzende wunderbarer Bürgerhäuser am Ufer. Dazwischen baute Frank Gehry 1992 das wellig-geschwungene, zunächst äußerst umstrittene und inzwischen

Zuschauerränge im Nationaltheater (links). Städtefreundschaft in der Metro-Station Anděl (rechts oben). Am Moldau-Ufer (rechts unten)

von den Pragern geliebte **Tanzende Haus** (Tančící dům; nur das sehr teure Restaurant im obersten Stockwerk ist öffentlich zugänglich). Auch in der ❺ **Hybernská** steht ein feines Stadtpalais neben dem anderen. In einigen sind heute Hotels untergebracht, etwa das „The Grand Mark": Im 17. Jh. erbaut, wurde es später von einem kaiserlichen Geheimrat bewohnt, ehe es bis ins 20. Jh. als Spital diente.

MUSEEN

Das ❾ **Nationalmuseum** (Muzeum Národního) mit dem größten Spektrum an Themen und den meisten Exponaten in Tschechien (80 000) ist ein Neorenaissance-Gebäude aus dem Jahr 1891 und bietet audiovisuelle sowie interaktive Präsentationsformen. Das Themenspektrum auf den 12 000 Quadratmetern Ausstellungsfläche reicht von Historie bis zu Naturwissenschaften (Václavské náměstí 68, www.nm.cz, tgl. 10.00–18.00 Uhr).
Das ❹ **Museum der Stadt Prag** (Muzeum Hlavního Města Prahy) präsentiert die Geschichte der Moldau-Metropole. Beeindruckend ist das dreidimensionale Modell der Stadt aus dem 19. Jh., gefertigt aus Papier und Holz und rund 20 m lang (Na Poříčí 52, www.muzeumprahy.cz; Di.–So. 9.00–18.00 Uhr).
Das ❻ **Museum des Kommunismus** (Muzeum Komunismu) zeigt Fotos, Videos und Exponate zum Thema (V Celnice 4, www.muzeumkomunismu.cz; tgl. 9.00–21.00 Uhr).
Im ⓬ **Museum Antonín Dvořák** (Muzeum Antonína Dvořáka) geht es um das Leben und Werk des Komponisten (1841–1904; Ke Karlovu 20, www.nm.cz; Di.–So. 10.00–17.00 Uhr).

EINKAUFEN

Mit über 200 Geschäften ist das **Palladium** Prags größtes Shopping-Center (Náměstí republiky 1; tgl. 10.00–22.00 Uhr). Mittagspause oder ein schneller Happen: Dafür stehen die Prager bis heute bei **Ovocný Světozor** an (s. auch S. 95).

VERANSTALTUNGEN

Weithin berühmt ist die ❼ **Laterna Magika** mit Aufführungen aller Art von Illusionstheater bis Zirkus (Nová scéna, Národní 4, www.narodni-divadlo.cz/en/laterna-magika). Das **Hybernia-Theater** (Divadlo Hybernia) am Platz der Republik (Náměstí republiky) zeigt viel Ballett und ist deshalb auch für Touristen interessant (Karten über www.pragueexperience.com).

> **Tipp**
>
> ## Sightseeing mit der Tram
>
> Natürlich gibt es organisierte Stadtrundfahrten, die fast alle Höhepunkte abdecken. Doch wie wäre es mit einer Fahrt in der historischen Straßenbahnlinie 91? Die muss allerdings gechartert werden, während man mit der regulären Straßenbahnlinie 22 für 32 CZK (90 Minuten gültig) mit den Pragern quer durch ihre Stadt fährt. Los geht es am besten in Vinohrady am Náměstí míru. Über die Národní třída rumpelt die Tram runter zur Moldau mit Stopp am Nationaltheater (links) bzw. „Café Slavia" (rechts). Auf der anderen Seite des Flusses kann man an der Haltestelle Újezd zur Seilbahn auf den Petřín umsteigen. Es geht an der Kirche des „Prager Jesulein" (links) vorbei zum Kleinseitner Platz mit der Niklaskirche, ehe es nach den Wallenstein-Gärten (links) bergauf zur Burg und weiter zu den Klöstern Strahov oder Břevnovský geht, wo jeweils ein feines Bierchen aus den Klosterschenken wartet.
>
> **INFORMATION**
> Tagsüber verkehrt die Tram alle 5 bis 10 Minuten.

● Vinohrady

Vinohrady bedeutet übersetzt Weinberg, und tatsächlich gibt es bis heute noch ein paar Reben. Das Viertel gehört zu den beliebtesten Wohnvierteln Prags, hat eine hervorragende Bausubstanz und auch in Sachen Restaurants, Cafés und Nachtleben einiges zu bieten.

SEHENSWERT

Der wunderschöne ❿ **Hauptbahnhof** (Hlavní nádraží) ist nicht nur der wichtigste Bahnhof Tschechiens, der historische Haupteingang gilt auch als eines der prächtigsten Jugendstilwerke der Stadt. Das im Jahr 1907 eröffnete ⓭ Jugendstil-**Theater in den Weinbergen** (Divadlo na Vinohradech) gehört nicht nur zu den größten, sondern auch zu den schönsten Schauspielhäusern der Stadt (nur zu Veranstaltungen geöffnet). Auf dem Platz davor (Náměstí míru) findet im Dez. der Weihnachtsmarkt von Vinohrady statt.
Die letzten Weinberge Prags gedeihen im ⓮ **Havlíčkov-Park** (Havlíčkovy sady), dem zweitgrößten Stadtpark. Wer das Grab von Václav Havel besuchen möchte, geht zum **Friedhof Vinohrady** (Vinohrady hřbitov, Vinohradská) ganz im Osten des Stadtteils, wo die Urne des nationalen Idols in einer der 14 Arkadengrüfte beigesetzt wurde (tgl. 8.00 bis 18.00 Uhr). Wer die letzte Ruhestätte des Literaten Franz Kafka sucht, der muss zum benachbarten **Neuen Jüdischen Friedhof** (Nový Židovský hřbitov, Izraelská) aus dem Jahr 1890, inzwischen der größte in Prag. Der Weg zu Kafkas Grab ist ausgeschildert (April–Okt. So.–Do. 9.00–17.00, Nov.–März bis 16.00, Fr. immer nur bis 14 Uhr).

EINKAUFEN

Das Viertel beherbergt besonders entlang der Vinohradská und rund um die Bělehradská, westl. des Náměstí míru, eine Reihe attraktiver Second-Hand-Läden.

NOVÉ MĚSTO · VYŠEHRAD
76 – 77

UMGEBUNG

Im nördl. Nachbarstadtteil **Žižkov** steht der von vielen als das „zweithässlichste Gebäude der Welt" bezeichnete Fernsehturm (Televizní věž). Dem ungeliebten Kind des 1985, zu Zeiten des Sozialismus, begonnenen Bauwerks standen die Prager ablehnend gegenüber, witterten sie doch eine Kontrollstation, auch um westliche Radiowellen abzublocken. 216 m hoch, fast 12 000 t schwer, bietet er auf 63 m Höhe ein Restaurant und auf 93 m eine verglaste Aussichtsplattform. Sofort ins Auge springen die am Turm krabbelnden Babys (Miminkas), die der Künstler David Černý hier installierte. (www.towerpark.cz; Aussichtsplattform und Restaurant tgl. 9.00–24.00 Uhr, Metro A Jiriho z Poděbrad).

● **Vyšehrad**

Einst mittelalterlicher Burgwall und heute Prager Stadtviertel, ist der Vyšehrad durchaus einen kurzen Abstecher wert.

SEHENSWERT

Während die neugotische 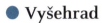 **Kirche St. Peter und Paul** (Kostel Svatého Petr a Pavel), oberhalb der Moldau, das Viertel dominiert, ist von der zweitältesten Prager Burg aus dem 10. Jh. kaum noch etwas zu sehen. Doch auf dem einstigen Burggelände befindet sich bis heute der **Vyšehrader Friedhof** (Vyšehradský hřbitov), auf dem bedeutende tschechische Persönlichkeiten begraben liegen, darunter Bedřich Smetana (Mai–Sept. 8.00–19.00, Okt. bis April bis 18.00 Uhr). Vom Hügel, auf dem St. Peter und Paul thront, prophezeite die Seherin und Prinzessin Libuše der Stadt Prag einst eine glorreiche Zukunft.

UMGEBUNG

Smíchov, lange Zeit ein heruntergekommenes Arbeiterquartier auf der Vyšehrad gegenüberliegenden Moldauseite, ist im Begriff, sich zu einem modernen Trendviertel zu wandeln. 600 Mio. Euro werden dafür in den nächsten Jahren investiert. Mit 90 000 Einw. ist die älteste der früheren Prager Vorstädte heute eines der größten Viertel.
Die Umgebung des **Bahnhofs von Smíchov** (Smíchovske Nádraží) mit Busterminal und Postamt sind als Relikt ein Paradebeispiel der streng-kalten Betonarchitektur des Kommunismus. Eine gute Auswahl an Produkten, Geschäften und Restaurants (mit „Running Sushi") gibt es im Einkaufszentrum **Nový Smíchov** am Anděl (nördl. des Bahnhofs Smíchov; Kernzeiten 10.00–22.00 Uhr).
Die **Filmstudios Barrandov** (Studio Barrandov, www.barrandov.cz) sind durch verschiedene Hollywood-Produktionen auch über die Landesgrenzen hinaus bekannt geworden (Führungen auf Englisch siehe DuMont Aktiv, rechts). Empfehlenswert ist der Download des PDF „Lights! Camera! Prague!" mit der Beschreibung von rund 40 Drehorten in englisch unter www.praguecitytourism.cz/file/edee/2015/01/lightscameraprague.pdf.

Genießen   Erleben   Erfahren

Hollywood des Ostens

DuMont Aktiv

Auf den Spuren von Daniel Craig und Tom Cruise zu den Schauplätzen international bekannter Blockbuster – Karlsbrücke, Altstädter Ring oder Kloster Strahov sind auch aus diesem Blickwinkel gesehen interessant.

Location-Scouts interessieren sich verstärkt für Prag, denn die Stadt hat vielfach eine intakte alte Bausubstanz zu bieten, wie sie sonst in Europa kaum mehr vorhanden ist. Doch viele Filmemacher schätzen nicht nur die Stadtkulisse Prags, sondern auch die preiswerten international bekannten Barrandov Studios. Gegründet wurden diese in den 1930er-Jahren von Miloš und Václav Havel, Vater des späteren tschechischen Präsidenten. Auf mehr als 9000 Quadratmetern entstanden in elf Ateliers mehr als 2500 tschechische und ausländische Filme. Darunter beispielsweise der Oscar-prämierte „Amadeus" von Miloš Forman, „Yentl" von und mit Barbra Streisand und 1996 „Mission Impossible" mit Tom Cruise. Dessen Spuren führen zum Nationalmuseum, auf die Karlsbrücke, den Altstädter Ring und zum „Hotel Europa", während Daniel Craig seine Pläne als Agent 007 in „Casino Royale" im Kloster Strahov schmiedete. Der letzte große Erfolg aus Barrandov war ein Teil der erfolgreichen Historienserie „Knightfall" 2017.

Besucher müssen solche Schauplätze nicht mühsam selbst finden. Eine geführte Filmtour auf einem Segway bringt sie zu verschiedenen Orten in der Stadt, die Schauplätze international erfolgreicher Streifen waren. Die Ausflüge finden abends statt, wenn die Straßen nicht so voll sind. Und am Drehort werden auf einem tragbaren DVD-Spieler die passenden Ausschnitte aus den jeweiligen Filmen gezeigt.

Weitere Informationen

Mit Segways geht es bei dreistündigen Movie-Touren durch die Stadt (www.pragueperfecttour.com/prague-movie-tour, 1500 CZK pro Person). Die Reservierung eines Tourtermins in den Barrandov-Studios (www.barrandov.cz) ist ausschließlich auf Englisch per E-Mail möglich: prohlidky@barrandov.cz. Die Touren finden Mo.–Fr. zwischen 9.00 und 14.00 Uhr statt und dauern rund zwei Stunden.

UNSERE FAVORITEN

Jugendstil in Prag

Die schönste Pracht

Jugendstil ist zauberhaft, verwunschen und verspielt, in jedem Fall einer der schönsten Stile, die es je gab. Nicht nur in der Architektur, auch Möbel, Plakate, Schmuck, Damenmode, ja sogar Geschirr wurden entsprechend gestaltet. Und Prag war neben dem Pariser Art Nouveau mit seiner Secese ein großes Zentrum des Jugendstils.

1 Obecní Dům

Hervorgegangen aus einem Architektenwettbewerb, veranstaltet von der Stadt Prag und gewonnen von Antonín Balšánek und Osvald Polívka, gehört das Gemeindehaus zu den schönsten Jugendstilbauten Tschechiens. Von außen schon beeindruckend mit dem Portal in der Mitte, dem Balkon und halbkreisförmigen Bogen, den Mosaiken und der signifikanten Kuppel mit zwei Statuengruppen, bleibt einem im Innenraum, besonders im Kaffeehaus, schier die Luft weg. Der Geist des Jugendstils atmet dort noch.

Náměstí Republiky 5, Altstadt, Tel. 222 002 763, www.obecni-dum.cz

2 Hlavní Nádraží

Prags Hauptbahnhof, der Hlavní Nádraží mit dem Kaffeehaus „Fanta", gehört zu den größten und zugleich auch beeindruckendsten Jugendstilbauten in der tschechischen Hauptstadt. Im Jahr 1871 erbaut, wurde der Bahnhof 1901 bis 1909 nach dem Entwurf von Josef Fanta zum heutigen prächtigen Jugendstil-Gebäude umgebaut.

Wilsonova 1, Neustadt, Tel. 221 111 122, www.cd.cz

3 Grand Hotel Evropa

Zu Beginn war die heutige Jugendstilperle am Wenzelsplatz noch gar keine: 1889 als Hotel „Zum Erzherzog Stephan" erbaut, wurde es erst 1905 zum Jugendstilkunstwerk. Blumenornamente, Kränze, Statuen und goldene Buchstaben veredeln das „Evropa". In seinem Inneren ist besonders das zweistöckige Kaffeehaus mit seiner Empore sehenswert. Szenen für „Mission Impossible" wurde dort gedreht. Nachdem das Hotel an ein Unternehmen der Julius-Meinl-Firmengruppe verkauft wurde, ist es derzeit geschlossen. Es wird in ein Fünf-Sterne-Hotel umgebaut und soll im Jahr 2020 neu eröffnet werden.

Václavské Náměstí 25, Neustadt, https://w-hotels.marriott.com/de-DE/

4 Café Imperial

Dieses wunderschöne Kaffeehaus vermischt typische Jugendstilelemente wie die geradezu verschwenderische Anhäufung floraler Elemente und Tierdarstellungen mit einer pompösen Interpretation arabischer Ornamentik. Man sitzt auf stoffbezogenen Stühlen an goldfarbenen Tischen und bewundert die Kassettendecke, die fein gearbeiteten Keramikmosaiken und Holzvertäfelungen. Aber auch die Kuchen und süßen Teilchen schmecken …

Na Poříčí 15, Neustadt, Tel. 246 011 440, www.cafeimperial.cz

UNSERE FAVORITEN
78 – 79

3

4

1

5 Goethe-Institut

Am Masaryk Quai steht eines dieser bewundernswerten Häuser, die abseits der Touristenpfade erst entdeckt werden wollen, obgleich es manchmal nur ein paar Schritte sind, wie in diesem Fall flussaufwärts vom Nationaltheater. In diesem von Säulen flankierten Gebäude mit filigran gearbeiteten Jugendstilmotiven und -elementen befand sich einst die Botschaft der DDR. Nun bietet dort das Goethe-Institut deutsche Bildung und Sprache für die Prager an.

Masarykovo Nábřeží 32, Neustadt, Tel. 221 962 111, www.goethe.de/prag

6 Česká Spořitelna

Kann eine Stadtsparkasse eine Sehenswürdigkeit sein? Ja, sie kann, wenn sie in der Rytířská liegt und über die wahrscheinlich schönste Jugendstil-Schalterhalle einer Bank in Mitteleuropa verfügt. Dort wickeln die Pragerinnen und Prager ihre Bankgeschäfte ab, stehen an Schaltern an, heben Geld vom Automaten ab oder trinken im kleinen Café eine Erfrischung. Einfach hineingehen!

Rytířská 29, Altstadt, Tel. 956 720 000, www.csas.cz

7 Hotel Paříž

Wohin man sieht, Spiegel, frisch polierte Messinggeländer und Kerzenhalter sowie eine verträumte Jugendstil-Fassade: „Das Haus ist so großartig, dass es an einen königlichen Palast erinnert", heißt es in einem Buch des tschechischen Autors Bohumil Hrabal. Es ist ganz sicherlich ein wunderbares Jugendstilhotel, das sein historisches Flair erhalten konnte – und eine Adresse für Nostalgiker. Man sollte sich zumindest einen Kaffee dort gönnen – vielleicht sogar eine Nacht. Die Preise sind bezahlbar ...

U Obecního Domu 1, Altstadt, Tel. 222 195 666, www.hotel-paris.cz

8 Čechův Most

1908 fertiggestellt, verzückt diese Brücke mit reicher Verzierung nebst verschnörkelter Straßenbeleuchtung. Sie ist mit 170 Metern die kürzeste der Prager Moldaubrücken in Prag und 16 Meter breit. Von hier springt Georg Bendemann, von seinem Vater zum „Tode des Ertrinkens" verurteilt, in Franz Kafkas Erzählung „Das Urteil". Der Dichter wohnte bei Entstehung des Textes im Haus „Zum Schiff" – heute steht dort das hässliche „Hotel Inter-Continental".

Čechův Most, Altstadt

Generation Sehnsucht

Die Ausgehszene in Prag hat international längst Anschluss gefunden. Prominente DJs geben sich bei Performances zwischen Buddha und Schlachthof die Klinke in die Hand. Aber es halten sich schon seit Jahrzehnten auch Lokalitäten aus alten Schüler- und Studentenzeiten. Ein nächtlicher Streifzug durch die Clubs und Kneipen der Stadt.

Der „Radost FX Club" zählt für erfahrene Jetsetter zu den coolsten Nightspots des Landes

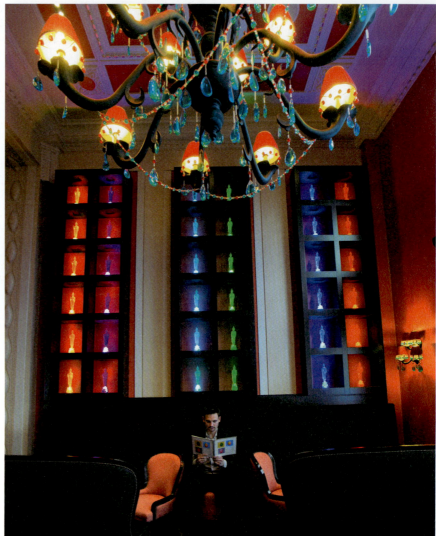

Spirituelles Ambiente wird in Prag auch als Dekoration geschätzt: „Buddha Bar Prag" (oben links) und das dazugehörige „Siddharta Café" (oben rechts). Handfest geht es auf der Restaurantterrasse des auf Steaks spezialisierten „Cowboy" über den Dächern der Kleinseitner Nerudagasse zu (unten links), feiner im anspruchsvollen Restaurant des „The Grand Mark" hinter dem Platz der Republik (unten rechts)

Die Moldaufront am Smetana-Museum ist von gastlichen Stätten gesäumt – mittendrin der für Jazz bekannte „Lávka Club": Blick vom Smetanovo nábřezi

Allan Davis ist eigens aus Paris angereist. Er greift in seinen CD-Koffer mit 250 Silberlingen. Davis soll den neuen tschechischen DJ-Kollegen den unverwechselbaren „Buddha Bar"-Sound vermitteln. „Gespielt wird jede im Klang passende ethnische Musik, von Arabisch über Griechisch, Türkisch, Französisch und Latin bis Asiatisch, besonders Indisch", sagt der DJ. „Es ist Musik, wie sie unsere Gäste sonst nirgends hören: eine besondere Art der Chill-Out-Music." Dieser Klang hat die „Buddha Bars" bekannt und lukrativ gemacht. Auch im Prager Ableger schieben sich die Gäste eng an eng aneinander vorbei. Viel zu stiernackige Männer protzen mit viel zu langbeinigen und viel zu blonden Frauen. Ein Küsschen hier, ein feister Po-Kniff dort, Handy-Fotos, Schulterklopfen, Umarmungen. Der Service tut sein Bestes im Gedränge, aber es dauert, bis der Mojito endlich kommt ...

1995 hatte der Pariser Rockertyp Raymond Visan eine Idee: Entspannung unter den toleranten Augen eines Riesen-Buddhas lautet das Motto, von dem Visan bestens lebt, denn er vergibt Lizenzen. Franchising heißt das Zauberwort, bei dem die Lukrativität des Investorenangebots durchaus entscheidend sein kann. So kam auch Prag zu einer „Buddha Bar", wie zuvor schon Paris und London oder Monaco und Dubai. „Entertainment und Drinks, bequeme, tiefe Sessel, schummriges Licht und vor allem unsere von Discjockeys gemixte Lounge-Musik", erklärt „Buddha Bar"-Guru Visan sein Konzept. „Die Leute kommen nicht nur, um zu essen. Sie wollen einen Abend ohne Ortswechsel genießen und dennoch kulinarisch und musikalisch von Prag nach Bangkok, Paris oder Rio reisen." Also nach dem Restaurantbesuch mit Khao Phad und Meze in die Bar wechseln, französischen Chablis oder Pilsener Urquell trinken.

Auch Mirek Topolánek war schon da. Beim „Buddha" fühlt man sich schließlich jung – und sieht dank der Schonbeleuchtung zumindest auch so aus. Topolánek ist der durch ein Video bekannt gewordene Ex-Premier Tschechiens, der sich nackt mit halbnackten Mädchen bei einer von Berlusconis Bunga-Bunga-Partys erwischen ließ ...

Von Madonna bis Prince

In dunklen Kellern liegen in Prag viele Clubs. Das „Techtle Mechtle" in Vinohrady oder das „Roxy", ein ehemaliges Kellerkino auf der Dlouhá. Vieles erinnert an alte Studenten- und Alternativszene-Clubs vor Facebook- und sogar Smartphone-Zeiten, mit einem Publikum entschieden über dreißig. „Wir sind eben eine alte Stadt. Die laute Musik stört hier kaum, und große Keller werden immer weniger gebraucht", sagt Diana Subrtová, Ex-Chefredakteurin der tschechischen „Bravo" und Spezialistin für die Prager Ausgehszene. Ältere Clubs wie den „Lucerna-Palast", noch von Václav Havels Großvater erbaut, kennen viele seit ihrer Schulzeit. Dort laufen auf einer Riesenleinwand noch 1980er-Jahre-Clips von Madonna bis Prince.

Bei den Reichen und Schönen

Doch Prag hat aufgeholt. Und längst gibt es Szene-Lounge-Clubs auch über den Dächern. Ist das „Duplex" tagsüber noch ein Restaurant in einem Glaskubus über den Dächern des Wenzelsplatzes, transformiert es abends zu Prags exklusivstem Club. Rolling-Stones-Sänger Mick Jagger feierte dort seinen 60.

„Prag goes Hollywood", sagt Diana Subrtová übers „Duplex". Schließlich erkenne man den, der dorthin geht, schon am Outfit. Es sind die Kids der Reichen und Schönen, die sich hier treffen. Und die zeigen gerne, was sie haben. Hochhackige Pumps zum Beispiel, bei denen man sich bei Prags Kopfsteinpflaster oft fragt, wie Frauen damit unfallfrei bis in den Club kommen. Doch solche Banalitäten beschäftigen die weiblichen Gäste

Im „Radost FX Club" kann man sich einer weltweit pulsierenden Szene zugehörig fühlen

Von den vergleichsweise liberalen Drogengesetzen Tschechiens profitieren Clubs wie das „Ujezd"

Im „SaSaZu" geht man in der willkommenen Masse unter

vermutlich nicht, denn wozu gibt es den clubeigenen Hummer-Limousinen-Service von Tür zu Tür? Da ist vermutlich die Verlockung groß, auch noch das Handtaschenhündchen einzupacken – sofern es denn zum Outfit passt.

Ein Club im Schlachthof

Ganz anders ist Holešovice – die Vergangenheit als Arbeiter-, Fabrik- und Schlachthofviertel ist nicht zu übersehen. Wegen relativ günstiger Mieten und der Nähe zum Zentrum hat sich der Stadtteil seit den 1990er-Jahren zu einem Zentrum der Künstler- und Kneipenszene entwickelt. Die früheren Schlachthöfe und Markthallen stammen noch aus der Zeit der vorletzten Jahrhundertwende. Hier regiert Backstein statt Glas. Alles wirkt rauer, staubiger und ungeordneter – noch. „Wo die Künstlerszene sich trifft, zieht bald der Kommerz hinterher", so Diana Subrtová.

Holešovices heißester Club – und einer der besten in der Hauptstadt – ist das „SaSaZu", zu dem auch ein stylisches Asien-Restaurant gehört. Unter der Woche wird das „SaSaZu" gern für Konzerte, Fashion-Shows oder Firmenpräsentationen gebucht. Aber an Wochenenden tanzen auf 5000 Quadratmetern über mehrere Stockwerke bis zu 2500 Leute in den bunten Lichtblitzen der Stroboskope. Hier hämmern die DJs mit House und Techno den überwiegend 20- bis 30-Jährigen den kollektiven Beat ins Hirn. Das moderne Ambiente lässt viele vergessen, dass in der Halle früher nicht Models oder DJs über die Rampe liefen, sondern Kühe, Schweine oder Pferde auf dem Weg zum Schlachter.

Ausgehen am Weinberg

In Vinohrady wurde schon von je her mehr gewohnt, als gearbeitet. Bereits Mitte des 19. Jahrhunderts waren hier verstärkt Jugendstil-Häuser, großzügige Parkanlagen und prächtige Straßenzüge für die obere Mittelschicht gebaut worden. Unsichtbar ist die Tristesse sozialistischer Zeiten. Vinohrady gilt als

Seit eineinhalb Jahrhunderten ist Moser in der Na příkopě eine exklusive Adresse für böhmisches Kristallglas (oben links und unten rechts). Hinter seiner Renaissancefassade präsentiert das „Palladium" am Platz der Republik unzählige Läden, Bars und Cafés (oben rechts). Radiosender-Reklame im Stil der 1920er Jahre in der Světozor-Passage (unten links)

Internationales Luxusflair zeigt sich unweit des Altstädter Rings in der Pariser Straße

Manche Prager Auslage bestimmt allerdings weniger Hochwertiges

Spielcasinos

Die Lust am Spiel

Sie haben häufig rund um die Uhr geöffnet und finden sich praktisch an jeder Straßenecke: Casinos. Nirgendwo in Europa gibt es mehr.
Faites votre jeu! Oder sollte es besser heißen: Wasch dein Geld! Und für den Staat: Kassiere satt mit ab! Casinos in Prag und noch mehr auf dem Land sind meist wenig einladend. Es sind in neun von zehn Fällen Automaten-Buden, so verrucht wie schlicht schäbig. Aber das Glücksspiel ist ein wichtiger Teil im Leben vieler Tschechen. Man geht von 250 000 Spielsüchtigen aus. Und es ist ein gutes Geschäft: vor allem für die 600 Glücksspielanbieter und zahllosen Geldwäscher.

Neun Casinos gibt es in ganz Bayern, so viel wie auf dem Wenzelsplatz und den angrenzenden Straßen. Ganz Tschechien zählt um die 200 Casinos mit mehr als 50 000 Spielautomaten. Kein Land in Europa hat mehr. Etwa vier Milliarden Euro setzt die Glücks-

spielbranche Tschechiens pro Jahr um. Wer ein Spielchen in gepflegtem Ambiente machen möchte mit Croupiers im Smoking, der ist im Casino Palais Savarin, einem schönen Gebäude aus dem 18. Jahrhundert in Wenzelsplatznähe in der Na příkopě oder in den eleganteren Spielbanken der Vier- und Fünf-Sterne-Hotels am besten aufgehoben. Die Einsätze am Roulette-Tisch beginnen bei 20 Kronen. Es herrscht keine Krawattenpflicht, dennoch den Ausweis nicht vergessen.

eine der nobelsten Wohnadressen Prags – mit dennoch pfiffigem Nachtleben. Doch obwohl der Stadtteil gleich hinter dem Nationalmuseum beginnt, verirren sich nur selten Touristen hierher. Beim abendlichen Ausgehen bleiben die Bewohner in der neuen „Running-Sushi-Bar", beim Koreaner, Inder oder Nobelitaliener, in den vielen Cafés, Kneipen und Clubs noch unter sich. Gut betuchte Prager zahlen gern westeuropäische Großstadtpreise. Und manchmal wollen auch alle etwas Luxus haben, wenigstens ein kleines Stück davon.

Da ist die Sehnsucht nach etwas Besonderem, und Vinohrady hat diesbezüglich durchaus Potential. Im 14. Jahrhundert ließ Karl IV. die namengebenden und längst von Wohnhäusern und Gärten verdrängten Weinberge anlegen. Auch wenn in Prag zweifellos vorwiegend Bier getrunken wird, vor einigen Jahren wurde auch die Weintradition wieder aufgenommen, und die von Moritz Gröbe Ende des 19. Jahrhunderts zusammen mit einer Parkvilla angelegten Weinberge werden wieder bewirtschaftet. Die knapp zwei Hektar bringen 4000 Liter Müller-Thurgau, Riesling und Dornfelder. Und so kann man sich in den umliegenden Kneipen und im Weinpavillon bei einem Gläschen unter alten Bäumen fast wie in Grinzing fühlen.

DUMONT THEMA

PRAGER BIER

Im Dickicht der Zapfhähne

Globalisierte Großbrauereien gibt es auch in Prag. Doch weil Biertrinken in Tschechien eine Philosophie für sich ist, schwören Einheimische auf Mikrobrauereien, die ausschließlich für den Bedarf ihres Lokals und einer kleinen Fangemeinde brauen.

Im Schankraum stehen abgewetzte Holztische ohne Tischdecken neben Stühlen ohne Polster. Die Gastwirtschaft (Hospoda), die Bierstube (Pivnice) oder der Ausschank (Výčep) gehören zum tschechischen Lebensstil wie Schweinebraten mit Knödeln. Schließlich schmeckt zur üppigen Tschechenkost Bier am besten. Das tschechische Bier gilt obendrein als ganz besonders gut und ist landesweit das mit Abstand populärste Getränk.

Frisch gezapft ist der Schaum der Prager Biere so fest, dass er leicht eine kleine Heller-Münze tragen könnte

Weltmeister im Bierkonsum

Im Bierkonsum sind die Tschechen mit 138 Litern pro Jahr und Kopf schon seit langem Weltmeister. Neben bekannten Marken wie Pilsner Urquell, Budweiser Budvar, Gambrinus und Krušovice werden 500 weitere Biersorten gebraut, immer mehr auch von Kleinbrauereien, die für ihr Lokal und einen kleinen Stammkundenkreis brauen.

Wer den Weg durch das Dickicht der Zapfhähne finden will, braucht einen wie Pavel Borowiec. Der gebürtige Prager ist Chefredakteur des Biermagazins „Pivo, Bier & Ale" und kennt die Bierstuben auch abseits der Trampelpfade. Meist in stillen Gässchen, herrscht drinnen ein umso lauteres Gedränge. Bier bekommt man dort nur frisch gezapft. Oft stehen nur wenige, meist naturtrübe Sorten zur Wahl, aber die sind vorzüglich. Das berühmteste und älteste Beispiel einer solchen Kleinbrauerei ist das in der Neustadt gelegene „U Fleků" – quasi das Prager Pendant zum Münchner „Hofbräuhaus" und ebenso von Touristen überlaufen.

Ursprung bei den Klosterbrüdern

Deshalb fährt Pavel hinauf zum ältesten Kloster Tschechiens, dem Stift Břevnov, keine 15 Minuten von der Prager Burg entfernt. Die heutige Barockanlage entstand nach Plänen der Dientzenhofers, Deckenfresko und Stuckaturen von den nicht minder berühmten Asam-Brüdern. Die hiesigen Benediktiner waren die Ersten in Böhmen, die Bier während der Fastenzeit als Ersatz für Brot und Fleisch brauten. Heute werden im Kellergewölbe als Břevnovský Benedict wieder jährlich 3000 Hektoliter gebraut: helles und dunkles ungefiltertes

Nur wenige Touristen verirren sich in diese Oase einheimischer Bierseligkeit in der Kleinseitner Thunovska: „U Hrocha", also „Zum Nilpferd"

Zu den Legenden der Prager Bierszene gehört das „U Fleků" (oben und Mitte). Konzentration im „Nad Viktorkou" in der Bořivojova (unten)

Fakten & Informationen

Biertour: Beim Besuch von Mikrobrauereien und Kneipen sind im Preis von 1000 CZK bei der 1,5-Std.-Tour die Biere und Snacks enthalten (www.prague-beer-tours.com).
Bierfestival: Im 10 000-Mann-Zelt auf dem Messegelände in Holešovice kann man rund 150 böhmische Biermarken testen (www.ceskypivnifestival.cz; Ende Mai/Anf. Juni).
Biermagazin: „Pivo, Bier & Ale" gibt es auch im Internet unter www.pivobierale.cz.
Adressen von Kleinbrauereien und Bierkneipen auf S. 93.

Lagerbier, Weizenbier, Pilsner und Imperial Stout. Wegen der Alkohol- und Mehrwertsteuer kein einträgliches Geschäft, sagt Petr Janík, Miteigentümer und Manager der Mikro-Brauerei Břevnov. Auch mit dem Vertrieb hätten es die Großen deutlich leichter, weshalb Pilsener Urquell vermutlich bis heute Tschechiens meistgetrunkenes Bier ist. Doch von Patrioten wird es gemieden, weil die Brauerei schon seit 1999 dem Multikonzern SABMiller gehörte und 2016 dann sogar von dem japanischen Brauereikonzern Asahi Beer übernommen wurde. „Da trinke ich lieber Apfelschorle", sagt Pavel Borowiec und fährt weiter ins Kloster Strahov, das Besucher meist wegen seiner schönen Bibliothek kennen.

Bett und Bier als Angebot

Das Bier der Prämonstratenser von Strahov wurde erstmals 1400 erwähnt, als die Brauerei für vier Schockgroschen, ein Pfund Pfeffer und einen fetten Hasen an einen Prager Bürger verpachtet wurde. Nach dem Schutzheiligen der Prämonstratenser heißt das heutige Bier St. Norbert. 1500 Hektoliter entstehen jedes Jahr im ehemaligen Kutschenraum. „In Zeiten der Finanzkrise ist unser Bierumsatz um 25 Prozent gestiegen. Die Leute trinken dann mehr, aber essen dafür weniger", sagt der Pächter Marek Kocvera. Immer nach der Hopfenernte Ende September gibt es deshalb das St. Norbert antidepressiv. „Die letzte Rettung, damit man sich nicht gleich aufhängt", scherzt Marek und nimmt einen kräftigen Schluck.

Bei soviel verkosteten Bieren möchte man doch glatt direkt vom Tisch ins Bett fallen. In Prag ist auch das möglich: im einzigen Brauereihotel „U Medvídků" in einer Seitenstraße der Národní. Die Minibrauerei bietet Gästen auch an, ihr eigenes Bier zu brauen. Wem das zu lange dauert, kann die nötige Bettschwere auch mit dem dort servierten weltweit stärksten Lagerbier, dem XBeer-33, erreichen. Na dann, gute Nacht!

Das Gasthaus „Zum Kelch", „U Kalicha", kultiviert und konserviert die Zeiten des braven Soldaten Schwejk (oben). Das „Kolkovna Olympia" ergänzt sein Bierangebot mit deftigster tschechischer Küche (unten)

INFOS & EMPFEHLUNGEN   UNTERHALTUNG

Wo die Puppen tanzen

Für seine Bierstuben und Kaffeehäuser ist Prag berühmt. Doch nicht nur dort kann man sich die Nächte um die Ohren schlagen. Bevor man in einem der Clubs tanzen geht, gibt es eine reichliche Auswahl von Restaurants von Asiatisch bis Tschechisch, um sich für die Nacht zu stärken.

● Bierlokale

Die vorgestellten Kleinbrauereien brauen ausschließlich für den eigenen Bedarf. Das Bier kommt frisch aus dem Zapfhahn und ist meist naturtrüb. Zur jeweiligen Brauerei gehört immer auch eine Gaststätte mit traditionellen tschechischen Gerichten.

EINE AUSWAHL

Břevnovský klášterní pivovar In der Klosterbrauerei Breunau wird die Marke Břevnovsky Benedict produziert (Markétská 28, Břevnov ❶, 4 km westl. Hradčany, Tel. 220 406 27111, www.brevnov.cz). Im Kloster kann man auch übernachten, im € € **Hotel Adalbert** (Břevnovský Klášter, Markétská 1, Břevnov, Tel. 220 406 170, www.hoteladalbert.cz).

Hostinec U Kalicha Das Gasthaus „Zum Kelch", eine der bekanntesten Prager Bierkneipen, gelangte als Schauplatz des Romans „Abenteuer des braven Soldaten Schwejk" von Jaroslav Hašek zu internationalem Ruhm und ist heute Touristenmagnet (Na bojišti 12, Neustadt ❺, Tel. 224 912 557, www.ukalicha.cz).

Jihoměstský pivovar Es sind mindestens acht Biere im Angebot (Podjavorinské 11, Chodov ❹, Tel. 222 352 242, www.jihomestsky pivovar.cz).

Klášterní pivovar Strahov Drei Biersorten kommen zum Ausschank, dazu sieben jahreszeitliche Biere, die es beispielsweise nur zu Ostern oder Weihnachten gibt (Strahovské nádvoří 301, Kleinseite ❼, Tel. 233 353 155, www.klasterni-pivovar.cz).

Minipivovar U Fleků **TOPZIEL** Die wohl berühmteste und älteste Kleinbrauerei stammt aus dem 15. Jh. und ist häufig von Touristen überlaufen. Es gibt mehrere Säle und bisweilen auch ein Unterhaltungs- und Musikprogramm (Křemencova 11, Neustadt ❺, Tel. 224 934 019, www.ufleku.cz).

Minipivovar U Medvídků Teile des mittelalterlichen Minibrauerei-Gebäudes aus dem 15. Jh. wurden zu einem € **Hotel** umgebaut (Na perštýne 7, Altstadt ❽, Tel. 224 211 916, https://umedvidku.cz/de/).

Pivovarský Dům Mindestens acht Biere, darunter „Břevnovsky Benedict" aus der Klosterbrauerei Břevnov, aber auch Kurioses mit Kaffee-, Sauerkirsch- oder Bananengeschmack (Ječná/ Lípová 15, Vinohrady ❺, Tel. 296 216 666, www.pivovarskydum.com).

Mit einzigartiger Lage beim Smetana-Museum: Café Lávka (links). Im durch Schwejk bekannten „Kelch" (rechts oben). Wie zu Mozarts Zeiten: „Pálffy Palác" am Palais Waldstein (rechts unten)

První novoměstský restaurační pivovar Selbst gebrautes Bier, nur 400 m vom Wenzelsplatz entfernt (Vodičkova 20, Neustadt ❺, Tel. 222 232 448, www.npivovar.cz).

Sousedský pivovar U Bansethů Das Restaurant verfügt über einen Biergarten und die Küche über lange Tradition: Ein Vorfahre bereitete einst Linsengerichte für Kaiser Rudolf II. (Táborská 49, Nusle ❹, Tel. 72 4 582 721, www.ubansethu.cz).

Staroměstský pivovar U tří Růží Die Altstadtbrauerei „Zu den drei Rosen" veröffentlicht im Internet die Biere, die gerade zum Ausschank kommen – zum dunklen „Monastic spezial" passen gut Schweinerippchen in dunkler Biersauce (Husova 10, Altstadt ❽, Tel. 601 588 281, www.u3r.cz).

U Bulovky Richter Pub Hier lagert Bier noch im Holzfass, und in der € **Pension U Bulovky** kann man übernachten (Bulovka 17, Libeň ❷, Tel. 602 431 077, www.pivovarubulovky.cz).

U Dvou Koček Bei den „Zwei Katzen" gibt es neben den Bierverkostungen jeden Abend Unterhaltung mit Akkordeon- und Mundharmonika (Uhelný trh 10, Altstadt ❽, Tel. 224 229 982, www.udvoukocek.cz).

● Clubs

Die Prager Clubs haben längst internationale Standards erreicht, von normal bis schrill.

EINE AUSWAHL

Duplex Mondäner Club über den Dächern des Wenzelsplatzes (Václavské náměstí 21, Neustadt ❺, www.duplex.cz).

James Dean Cooler Club mit extravaganten Cocktails (V Kolkovnì 1, Altstadt ❽, Tel. 606 979 797, www.jamesdean.cz).

Karlovy Lázně Über 5 Stockwerke verteilt, nennt sich das Karlsbad selbst den größten Club Mitteleuropas (Smetanovo nábřeží 1, Altstadt ❽, Tel. 739 054 641, www.karlovylazne.cz).

Lucerna Music Bar Mit Pop aus den 1980ern und 1990ern (Vodičkova 36, Neustadt ❺, Tel. 224 225440, www.musicbar.cz).

Mecca Club Hip und trendy (U Pruhonu 3, Holešovice ❷, Tel. 734 155 300, www.mecca.cz).

Radost FX Extravagante Partys, Expats und Traveller (Bělehradská 120, Vinohrady ❸, Tel. 224 254 776, www.radostfx.cz).

INFOS & EMPFEHLUNGEN

Retro Music Hall Trotz des Namens ein moderner Top-Club mit phantastischer Beleuchtung, bestem Sound und moderaten Getränkepreisen (Francouzská 75, Vinohrady ❸, Tel. 222 510 592, www.retropraha.cz).
Roxy Music Club, Livekonzerte und Shows (Dlouhá 33, Altstadt ❽, Tel. 60 8 060 745, www.roxy.cz).
SaSaZu Großraumhallendisco mit schickem Asia-Restaurant (Bubenské nábřeží 306, Hološovice ❷, Tel. 284 097 455, www.sasazu.com).
Techtle Mechtle Kellerdisco wie aus Studentenzeiten (Vinohradská 47, Vinohrady ❸, Tel. 222 250 143, www.techtle-mechtle.cz).

● Bars und Jazzclubs

Jazz hat in Prag lange Tradition und war einst ein Freiraum für die kleine Flucht aus dem sozialistischen Alltag.

EINE AUSWAHL
Blue Light Promi-Treff (Josefská 1, Kleinseite ❼, Tel. 25 7 533 126, www.bluelightbar.cz).
Buddha Bar Loungemusik in bewährtem coolen Stil (Jakubská 8, Altstadt ❽, Tel. 221 776 300, www.buddha-bar.cz).
M1 Secret Lounge Cocktailbar mit industriellem Chic und DJ-Station (Masná 1, Altstadt ❽, Tel. 227 195 235, www.m1lounge.com).
Reduta Club Hier spielte einst Bill Clinton Saxophon, am Schlagzeug begleitet von Václav Havel (Národní třída 20, Neustadt ❺, Tel. 22 4 933 487, www.redutajazzclub.cz).
U Maleho Glena Beim „Little Glen" lauscht man Jazz und Blues (Karmelitská 23, Kleinseite ❼, Tel. 25 7 531 717, http://malyglen.cz/en).

● Kaffeehäuser

Die Stadt knüpft an alte und renommierte Kaffeehaustraditionen an.

> **Tipp**
> ## Ohne Worte
> Die Bühne ist dunkel, zu sehen ist nur, was ultraviolettes Licht auf weißen oder neonfarbenen Gegenständen oder Kostümen der Schauspieler zum Leuchten bringt. So wird die Illusion erzeugt, dass Sterne plötzlich aus dem Dunkel auftauchen und Bäume selbstständig zu tanzen beginnen. Diese Form des Theaters nutzt nur Pantomime und Musik. Prag gilt als Hauptstadt des „Schwarzen Theaters", das seinen Ursprung im japanischen Schattentheater hat.
>
> **INFORMATION**
> Black Light Theatre of Prague, Altstadt ❽, Rytířská 31, Tel. 725 830 655, www.blacktheatre.cz

Kontraste: Weihnachtsmarkt auf dem Altstädter Ring (oben) und im multikulturell ausgerichteten „Crossclub" in Holešovices Plynární (rechts)

EINE AUSWAHL
Café Imperial Jugendstil mit ägyptisch-mediterran angehauchtem Flair (Na poříčí 15, Neustadt ❺, Tel. 246 011 440, www.cafeimperial.cz).
Café Louvre Intellektuellentreff mit gutem Restaurant (Národní 22, Neustadt ❺, Tel. 224 930 949, www.cafelouvre.cz).
Café Savoy **TOPZIEL** Politiker- und Szenetreff unter schöner Holzkassettendecke (Vítězná 5, Kleinseite ❼, Tel. 731 136 144, www.ambi.cz).
Grand Café Orient Kubismus-Kaffeehaus (Ovocný trh 19, Altstadt ❽, Tel. 22 4 224 240, www.grandcafeorient.cz).
Kavárna Adria Im Palais Adria befand sich einst das legendäre Kaffeehaus Reunion. Heute gibt's lockere Atmosphäre und leckeren Apfelstrudel (Národní 40, Neustadt ❺, Tel. 77 4 458 557, www.caffeadria.cz).
Kavárna Mlýnská Das „Mühlencafé" ist ein Szene- und Künstlertreff (Všehrdova 14, Kleinseite ❼, Tel. 257 313 222).
Kavárna Obecní Dům Jugendstilcafé im Repräsentationshaus (Náměstí republiky 5, Altstadt ❽, Tel. 222 002 763, www.kavarnaod.cz).
Kavárna Slavia Elegant-zurückhaltend, im Art-déco-Stil restauriertes Kaffeehaus (Smetanovo nábřeží 2, Altstadt ❽, Tel. 22 4 218 493, www.cafeslavia.cz).

● Restaurants

Prag ist kulinarisch gut aufgestellt (siehe auch „Unsere Favoriten", S. 114/115).

EINE AUSWAHL
€ € € € **Bellevue** Gehobene Küche mit vielleicht zu hohen Preisen – aber der herrliche Ausblick gleicht das wieder aus (Smetanovo nábřeží 18, Altstadt ❽, Tel. 222 221 443, www.bellevuerestaurant.cz).
€ € € € **La Degustation Bohême Bourgeoise** Chef de Cuisine Oldřich Sahajdák holt seit Jahren einen Michelin-Stern für sein Restaurant mit Erlebnisgastronomie. Serviert werden ausschließlich neu interpretierte böhmische Gerichte in sechs oder elf Gängen (Haštalská 18, Altstadt ❽, Tel. 22 2 311 234, www.ladegustation.cz).
€ € € € **Spices** Wer eine authentische kulinarische Reise durch Asien machen möchte, etwa von Indien über Thailand bis Japan, oder von Malaysia und Indonesien bis China und Korea, der sitzt im neuen Spices in ehemaligen klös-

terlichen Gewölberäumen am rechten Platz. Küchenchef ist Zdeněk Křížek, der in den Mandarin-Oriental-Hotels in Asien seine Kenntnisse der asiatischen Küche erworben hat (Nebovidská 1, Kleinseite ❼, Tel. 23 3 088 750, www.mandarinoriental.de/prague).
€ € € € **Cotto Crudo** Gekocht oder roh? So heißt Cotto Crudo übersetzt. Am Herd steht Leonardo di Clemente aus Apulien, wo Italiens authentischste Küche zu Hause ist. Als Antipasto unbedingt die feine Schinkenauswahl bestellen! Und dann eine hausgemachte Pasta gefüllt mit Ossobuco sowie die Seebrasse. 300 Positionen Wein und göttliche Dolci (Veleslavínova 2a, Altstadt ❽, Tel. 2 21 42 68 80, www.fourseasons.com/prague/dining/).
€ € € **Aromi** Stadtbekannter Italiener mit guter Küche von Risotto alla Milanese bis Fisch. Große Käseauswahl und 100 verschiedene Grappe (Náměstí Míru 6, Vinohrady ❸, Tel. 22 2 713 222, www.aromi.cz).
€ € € **Hoffmeister** Politiker-Treffpunkt zum Lunch östl. unterhalb der Burg, tschechische und internationale Küche (Pod Bruskou 7, Kleinseite ❼, Tel. 251 017 111, www.hoffmeister.cz).
€ € € **La Finestra** Trattoria-Atmosphäre, gute Pasta, guter Fisch; gilt als ein Hotspot im Zentrum (Platnéřská 13, Altstadt ❽, Tel. 222 325 325, www.lafinestra.cz).
€ € € **Makakiko** In den Einkaufszentren Palladium und Nový Smíchov gibt es Sushi und asiatische Kleingerichte, von denen man zum Pauschalpreis so viel essen darf, wie man will (Palladium: Náměstí republiky 1, Altstadt ❽, Tel. 225 771 888; Nový Smíchov: Plzeňská 8, Smíchov ❻, Tel. 257 222 188, www.makakiko.cz).
€ € € **Pálffy Palác** Vielleicht das romantischste Lokal der Stadt mit schöner Terrasse, auch die Gerichte verdienen ihren Preis (Valdštejnská 14, Kleinseite ❼, Tel. 257 530 522, www.palffy.cz).
€ € **Botel Matylda** Hotelschiffrestaurant mit guten italienischen Gerichten und Traumblick; am besten einen Tisch am Bug reservieren (Masarykovo nábřeží, Neustadt ❺, Tel. 724 800 100, www.botelmatylda.cz).

€ € **Coloseum** Es gibt mehrere Filialen (www.pizzacoloseum.cz) mit Garnelen-Risotto und Holzofen-Pizza (Koruna, Václavské náměstí 1, Neustadt ❺, Tel. 222 242 286; Na Poříčí 16, Neustadt ❺, Tel. 222 314 531).
€ € **Dubliner Irish Pub** Fish & Chips, am besten an einem Fußball-Champions-League-Abend; es wird auf 12 Monitoren übertragen (Týn 1, Nähe Altstädter Ring, Altstadt ❽, Tel. 224 895 404, www.aulddubliner.cz).
€ € **Indian Jewel** Beste indische Küche der Stadt, spezialisiert auf Gerichte aus dem Tandoori (Lehmofen) und Currys (Týn 6, Nähe Altstädter Ring, Altstadt ❽, Tel. 222 310 156, www.indianjewel.cz).
€ € **Korea House** Selbst grillen auf einer im Tisch installierten Eisenplatte (Sokolská 52, Neustadt ❺, Tel. 224 266 246).
€ € **Noi** Sehr gutes Thai-Restaurant mit authentischen Gerichten (Újezd 19, Kleinseite ❼, Tel. 257 311 411, www.noirestaurant.cz).
€ **Lokàl Dlouhááá** An schlichten braunen Holzbänken servieren freundliche Kellner tschechische Hausmannskost aus regionalen Zutaten (Dlouhá 33, Altstadt ❽, Tel. 73 4 283 874, http://lokal-dlouha.ambi.cz).
€ **Kolkovna Olympia** Tschechische Küche von ihrer deftigsten und schmackhaftesten Seite – beste Schweinshaxe (Vítězná 7, Kleinseite ❼, Tel. 251 511 080). Es gibt noch weitere Kolkovna-Restaurants (www.vkolkovne.cz).
€ **Ovocný Světozor** Lunch-Adresse für den schnellen Snack mit den vielleicht besten Chlebíčky der Stadt: traditionell mit Schinken, Käse, Ei und Gurke oder auch mit Krebsfleisch und weiteren Variationen. Zum Nachtisch gibt's Kuchen oder Eiscreme. Vodičkova 39, Neustadt ❺, Tel. 77 4 444 874, www.ovocnysvetozor.cz

● Hotels

Eine Auswahl ist auf S. 118 zu finden.

● Einkaufen

Für Schnäppchenjäger sind die Zeiten mittlerweile nicht mehr so gut. Das Prager Angebot orientiert sich international – auch preislich.

EINE AUSWAHL
Die Edeleinkaufsstraße **Pařížská** (Altstadt ❽) bietet alle Modemarken.
Mit über 200 Geschäften ist das **Palladium** Prags größtes Shopping-Center (Náměstí Republiky 1, Altstadt ❽).
Eine gute Auswahl bietet das Einkaufszentrum **Nový Smíchov** am Anděl (nördl. des Bahnhofs Smíchov, Smíchov ❻).
Die **Havelska** (Altstadt ❽) bestimmt ein Wochenmarkt; hinter den Buden gibt es auch noch traditionelle Läden.

● Theater und Musik

Die Theater Prags und Musikbühnen werden auf den jeweiligen Info-Seiten genannt.

UNTERHALTUNG
94 – 95

Genießen   Erleben   Erfahren

Loge auf der Moldau

DuMont Aktiv

In einem Holzkahn auf der Moldau rudern, in die Sonne blinzeln und das Postkartenpanaroma genießen: So lässt sich Prag in einer Stunde oder gern auch zwei vom reißenden Wasser aus, so die Übersetzung für Vltava, erkunden.

Mit den kräftig gebauten Jungs, die sich jeden Juni für den Sieg bei der Traditionsregatta „Prag Primatorky Race" auf der Moldau ins Zeug legen, kommt man als Kahnruderer so gut wie nie in Kontakt. Während die Sportler südlich der Jiráskův-Brücke ihre Bahnen bis zum „Tanzenden Haus" ziehen, sind die Genusspaddler in einem klar ausgewiesenen Gebiet um die beiden Flussinseln Slovanský und Střelecký zu Hause. Die einen rackern sich ab, die anderen genießen ihren schwimmenden Logenplatz, ob nun als Holzkahn, Kunststofftretboot oder in Disney-Manier als überdimensionaler Schwan.

Auf dem Fluss ist man weit weg von den Touristenmassen und doch so nah an vielen Hauptsehenswürdigkeiten. Und ein bisschen tut man auch etwas für die Gesundheit: Während einer Stunde Ruderbootfahren verbrennt man immerhin zwei Glas tschechischen Biers ... Alternativ stehen Motorboote zur Verfügung, die ohne Führerschein gesteuert werden dürfen, allerdings ausschließlich auf acht Kilometern südlich der Jiráskův-Brücke.

Einladungen zu Passagierdampferfahrten bekommt man rund um die Karlsbrücke von Schleppermatrosen angeboten, auf kleinen und großen Schiffen, mit oder ohne Lunch oder Dinner an Bord. Am schönsten sind die Touren, die eine Fahrt auf dem Teufelsbach einschließen.

Weitere Informationen
Ruder- oder Tretboote gibt es auf der Insel Slovanský am Nationaltheater zu mieten, ab 150 CZK pro Stunde, von 9.00 Uhr bis Einbruch der Dunkelheit.
Motorboote kosten ab 450 CZK die Stunde (http://pujcovna-lodicek.cz).
Fahrten mit Passagierschiffen gibt es für eine Stunde ab 350 CZK. Mit Mittag- oder Abendessen kostet es leicht 1000 CZK und mehr (www.prague-venice.cz).

Böhmische Dörfer

Viele Ausflugsziele liegen ganz in der Nähe der tschechischen Hauptstadt und sind oft als Tagesausflug zu erreichen. Nur eine Autostunde von Prag entfernt fährt man durch eine Landschaft, die reich an Burgen, Schlössern und Parks ist.

Karlstein gilt als Musterexemplar einer mittelalterlichen Burg – ihr heutiges Bild stammt allerdings vom Ende des 19. Jahrhunderts

Schloss Frauenberg wurde im 19. Jahrhundert eindrucksvoll schön im neugotischen Tudor-Stil umgestaltet (oben), Schloss Troja Ende des 17. Jahrhunderts als barocker Sommersitz errichtet (unten)

Mit Sinn für Details: Türgriff im Schloss Frauenberg

Schloss Troja besitzt zum Moldauufer hin einen skulpturenreichen kleinen Park

Elbogen nennt sich das mächtige, im Ursprung aus dem 12. Jahrhundert stammende Bollwerk Hrad Loket, in dem Kaiser Karl VI. einen Teil seiner Kindheit verbrachte

Nichts wie weg. So denken jedes Wochenende viele Prager. Dabei fliehen sie nicht etwa vor der immer größer werdenden Zahl einfallender Städtetouristen. Ihre Flucht aufs Land hat eine lange Tradition. Wie das eigene Auto, so galt auch das Wochenendhäuschen in kommunistischen Zeiten als Befreiung von den Beschränkungen des täglichen Lebens. Jeden Freitag begann auch damals schon das Privatleben. Weder Staat noch Arbeitgeber hatten dann noch Zugriff auf die Menschen. Und das ist bis heute weitgehend so geblieben.

Vor allem im sommerlich heißen Prag bietet eine Landpartie zum Wochenende einen angenehmen Kontrast. In der Freizeit werkeln die Prager fleißig an ihrem Wochenendhäuschen, der Datscha.

Am Wochenende in die Datscha

Vom Firmenchef bis zum Arbeiter, jeder Tscheche erstrebt eine Datscha, denn sie gehört zum Kulturgut des Landes – egal, ob ein einfaches Holzhaus oder ob ein aufwändig renovierter barocker Landsitz. Manch einer hat Jahrzehnte an seiner Datscha gebaut, konnte er doch oftmals nur die Materialien verwenden, die gerade planwirtschaftlich verfügbar waren. So gibt es während einer Fahrt über böhmische Dörfer architektonisch bisweilen Kurioses zu sehen. Auch von der Anmut des böhmischen Landhausbarocks blieb dank der stadtflüchtigen Prager vieles noch weitgehend im Originalzustand erhalten: Bauernhäuser mit barocken Giebeln, die Kirchen mit Spitz- oder Zwiebelturm, die Dorfweiher, die Streuobstwiesen, das Durcheinander von kleinen Feldparzellen und eine Landschaft, die obendrein auch noch reich an Burgen, Schlössern und Parks ist.

Besonders die Städter lieben solche ländlichen Bilderbuchlandschaften, selbst wenn im Winter über einigen Dörfern noch der unverwechselbare Geruch von Braunkohle liegt.

Zum Botanischen Garten im Prager Stadtteil Troja gehören auch die Kapelle der hl. Klara und ein Weinberg (oben links). Wein ist auch das Pfund, mit dem in Mělník gewuchert wird (unten links). Burg Sternberk gilt als der älteste bewohnte Adelssitz in Tschechien (oben rechts). Zum unweit von Mělník gelegenen barocken Schloss Veltrusy zählt auch ein ausgedehnter Schlosspark (unten rechts)

Eine Stunde – so weit weg

Viele Ausflugsziele liegen in der Nähe der Hauptstadt und sind oft als Tagesausflug zu erreichen, ohne dass man zwingend eine Übernachtung einlegen müsste. Nur eine Autostunde von Prag entfernt, begibt man sich auf direktem Weg in die böhmischen Dörfer. Weil viele hiesige Ortsnamen für Reisende schon immer so fremd und unaussprechlich klangen, steht seither die Redewendung der böhmischen Dörfer gemeinhin für etwas völlig Unverständliches. Zwar gleichen sich inzwischen an

„Gott war guter Laune. Geizen ist doch wohl nicht seine Art; und er lächelte: Da ward Böhmen, reich an tausend Reizen."

Rainer Maria Rilke 1896 in „Land und Volk"

den Rändern immer mehr kleine Ortschaften, weil sich dort längst wie bei uns die üblichen Discounter von „Lidl" bis „Kik" finden. Vor allem angesichts der klassischen Plattenbauten in den Vorstädten – für viele Tschechen noch immer gelebte Realität –, sind die historischen, inzwischen weitgehend sanierten Ortskerne tschechische Kronjuwelen und Touristenmagnete zugleich. Wie Mělník, ein Ort mit gerade mal 20 000 Einwohnern, 50 Kilometer nördlich von Prag gelegen.

Im Weinberg des Kaisers

Schloss und Kirche der alten Königsstadt liegen hoch über der Ebene am Zusammenfluss von Moldau und Elbe und sind schon von Weitem zu sehen. An den Steilhängen gedeihen überall Weinreben. Karl IV. hat auch hier seine Spuren hinterlassen und Mělník einige

Trinkpause in der Karlsbader Mühlbrunnkolonnade

Tagsüber lässt Marienbads Singende Fontäne jeweils zur vollen Stunde bekannte Melodien erklingen

Platz zum Toben gibt es in der Marienbader Kurkolonnade bei schönstem Wetter

Das Karlsbader „Grandhotel Pupp" spiegelt bis heute die einstige Eleganz des Kurortes

> „Nur weg aus diesem grämlichen Prag! Da dunstet ja der Wahnwitz wieder einmal aus allen Gassen. Ich muss nach Karlsbad, mich verjüngen."
>
> Kaiserlicher Leibarzt in „Walpurgisnacht", 1917 von Gustav Meyrink

Privilegien verschafft. Schließlich war er nicht nur Kaiser des Deutsch-Römischen Reiches und König von Böhmen, sondern auch Herrscher des einschlägig vorbelasteten Burgunds. Von dort ließ er Mitte des 14. Jahrhunderts einige Rebstöcke nach Mělník schaffen.

Die Weinberge der hl. Ludmilla unterhalb des Schlosses umfassen zwar lediglich ein paar Hektar, dennoch werden in Mělník und Umgebung inzwischen einige Weinsorten in ansehnlicher Menge gekeltert. Am bekanntesten ist der trockene „Mělník Ludmilla", benannt nach Königin Ludmilla, die hier ihren Enkel, den später heiliggesprochenen Wenzel, großgezogen haben soll.

Dem Burgunder ebenbürtig?

Ob in Mělník allerdings ein dem Burgunder ebenbürtiger Wein gekeltert wird, darüber lässt sich bei einem Gläschen in den Weinkellern des Ortes sicher streiten. Jiri und Bettina Lobkowicz, Schlosseigentümer und Kellereibesitzer sind sich einig: „Wir müssen es schaffen, dass unsere Weine und unser Sekt „Château Mělník" auf den Getränkekarten aller guten Hotels in Prag, Karlsbad und Marienbad stehen." In der letzten September-Woche ist die beste Gelegenheit, der dortigen Weinqualität auf den Grund zu gehen. Dann veranstaltet Mělník sein jährliches Winzerfest, und der weiträumig gepflasterte Marktplatz, um den sich die für böhmische Dörfer so typischen kleinen pastellfarbenen Häuschen mit ihren Arkadenrundgängen reihen, füllt sich mit Besuchern.

Geld und Gebeine

Es liegt nicht am Wein, weshalb im Stadtteil Sedlec von Kutná Hora die Besucher den Atem anhalten und ihnen ein eisiger Schauer über den Rücken läuft: Denn im Beinhaus baumeln im Wortsinn Knochen von der Decke. Gebeine von etwa 40 000 Toten hat der von der Fürstenfamilie Schwarzenberg beauftragte Holzschnitzer František Rint 1866 zu kunstvollen filigranen Gebilden gestaltet, wie sie bizarrer kaum sein könnten: ein Kronleuchter, in dem angeblich alle Knochen, die ein menschlicher Körper hergibt, verbaut sind; das Familienwappen der Auftraggeber als Knochenensemble, auf dem ein Vogel mit spitzem Schnabel in einen Totenkopf hackt; Monstranzen und Kreuze aus Schädelknochen. Ursprünglich hatten Mönche die Gebeine von Pest- und Kriegsopfern umgebettet, weil im Mittelalter der Platz auf dem Friedhof nicht mehr ausreichte. „Schon möglich, dass es dann der Herr František mit der Verschönerung des Beinhauses ein wenig

Die St.-Bartholomäus-Kathedrale am weiten Pilsener Stadtplatz
hat den mit 103 Metern höchsten Kirchturm des Landes

Blick vom Schloss in Böhmisch Krumau (Český Krumlov) auf die historische Altstadt um ihre St.-Veits-Kirche. Im Vordergrund ein hl. Nepomuk

Das Renaissanceschloss überragt mit seinem Turm das alte Böhmisch Krumau

Böhmen und Mähren

Die zwei Welten Tschechiens

Sie lieben sich? Sie hassen sich? Oder necken sie sich nur? Das Verhältnis zwischen den Böhmen und den Mähren ist für Nichttschechen nicht eindeutig.

Jaromír, ein Geschäftsmann aus Prag, ist auf dem Heimweg auf der E 50 von Brünn nach Prag. Die Kontrollleuchte erinnert ihn ans Tanken. Aber er fährt an der ersten Tankstelle vorbei, an der zweiten, sogar noch an der dritten. Erst die vierte findet er, sei die richtige, denn es ist die erste, daheim in Böhmen ... Der mitfahrende Ausländer versteht nicht. Die beiden ebenfalls mitreisenden Tschechen allerdings schmunzeln ...

Böhmen und Mähren, das ist ein bisschen wie Preußen und Bayern oder Kölner und Düsseldorfer. Der Fahrer eines Autos mit Brünner Kennzeichen darf sich in Prag fühlen wie ein Bauer mit Traktor, wird als einer vom Land belächelt. Dabei ist Brno mit knapp 400 000 Einwohnern zweitgrößte Stadt des Landes, Sitz des tschechischen Verfassungsgerichts, Messestadt mit internationaler Bedeutung – das alles aber in Südmähren.

Es herrscht die Vorstellung, die Mähren täten nichts anderes, als ab 14.00 Uhr das Arbeiten einzustellen und Wein zu trinken. Der Mähre glaubt dagegen, ein Böhme bekam alles in die Wiege gelegt. Vor allem der Prager, der viel redet und bedeutsam den Allesversteher und Alleskönner gibt. Bis heute bleiben (fast) alle Mittel und Subventionen in der Hauptstadt hängen. Und wenn es unter den Kommunisten mal Bananen, eine Beatles-Platte oder die „Bravo" gab, dann nur in Prag.

Großmähren kam vor knapp tausend Jahren unter böhmische Oberhoheit und teilt seither die Geschicke Böhmens, die von Prag gelenkt werden, was den Mähren neidisch und den Böhmen manchmal arrogant macht.

übertrieben hat. Schwarze Messen wurden aber keine gefeiert", sagt Touristenführerin Lenka Baštova. Nichtsdestotrotz stieß das morbide Knochenensemble auf das Interesse der Filmindustrie. So diente es im Jahr 2000 als Kulisse des Fantasy-Abenteuers „Dungeons & Dragons".

Die Gaben der Erde spielten in Kutná Hora schon immer eine bedeutende Rolle. Silberfunde hatten die Stadt einst so reich gemacht, dass im Mittelalter die böhmischen Groschen nicht in Prag, sondern in Kuttenberg geprägt wurden. Der dortige Welsche Hof war bald die bedeutendste Münze, und der Ort entwickelte sich rasch mehr und mehr zur städtischen Konkurrenz von Prag. Auch architektonisch zeigte Kuttenberg Wohlstand. So wurde der Bau der prunkvollen Kathedrale der hl. Barbara noch beim Baumeister der Prager St.-Veits-Kathedrale in Auftrag gegeben. Im Jahr 1547 waren die Silberfunde jedoch erschöpft, und die Stadt fiel schnell der Bedeutungslosigkeit anheim, was sie bis heute nahezu unverändert im Original erhalten und ihr deshalb den Welterbestatus eingebracht hat.

Kostbares Schmuckkästchen

Schon zu Zeiten Kaiser Karls IV. war sie nur einen guten Tagesritt von Prag ent-

Weit reicht bei Herrnskretschen der Blick über die Böhmische Schweiz. Im Vordergrund das Prebischtor, an dessen Felswand sich der „Adlerhorst" drückt, ein 1881 errichtetes Sommerschlösschen, das heute das Naturpark-Museum beherbergt

Ein Meisterwerk spätgotischer Kirchenarchitektur ist Kuttenbergs der hl. Barbara geweihte Kathedrale

1870 entstand in Sedlec aus den Gebeinen Tausender ein eigentümlicher Kapellenschmuck

fernt, die Lieblingsburg der Tschechen: Karlštejn. Die Burganlage gipfelt in einem 60 Meter hohen Turm, dessen Mauern bis zu sieben Meter dick sind. Einen uneinnehmbaren Tresor, den Kaiser Karl IV. 1348 da hatte bauen lassen, um in der Heiligkreuzkapelle die Reichskleinodien sicher aufzubewahren. Zu seiner Krönung wurde die kostbare Wenzelskrone angefertigt, die sich wie die anderen Krönungsschätze auch, heute auf der Prager Burg befindet. Wenzels Krone ist aber nicht nur historisch von schier unschätzbarem Wert, ist sie doch mit 19 Saphiren, 44 Spinellen, einem Rubin, 30 Smaragden und 20 Perlen geschmückt, hat 22 Karat Gold und ist zweieinhalb Kilo schwer. Ihr ehemaliger Aufbewahrungsort, die Heiliggeistkapelle, ist das Schmuckkästchen der Burg. „Schau mal, hier funkeln die Sterne", sagt die kleine Helena ganz aufgeregt und zerrt ihre Mutter in die Kapelle. Der Raum ist bedeckt mit Goldverzierungen, eingefassten Halbedelsteinen und Glaslinsen, die am Deckengewölbe die Illusion eines Sternenhimmels erzeugen.

Sehnsucht nach Prag
Zu Bilderbuchburgen wie Karlstein mit zudem wertvollen Schätzen gehören natürlich auch jede Menge Mythen und Legenden. Wie die der Ehefrau des Burgvogts, die im 16. Jahrhundert grausam 14 Menschen ermordet haben soll, darunter viele junge Mägde, die bis heute angeblich auf der Burg als Weiße Frauen umhergeistern. Spätestens da sagt sich mancher Prager: Nichts wie weg. Und so mag es bei der einen oder anderen Landpartie vielen am Ende so ergehen wie dem vom Heimweh geplagten Schriftsteller Gustav Meyrink: „Es gibt keine Stadt der Welt, der man so gern den Rücken kehren möchte, wenn man in ihr wohnt, wie Prag, aber auch keine, nach der man sich so zurücksehnt, kaum, dass man sie verlassen hat."

DUMONT THEMA

TSCHECHISCHE WIRTSCHAFTSSTRUKTUR

Wenn Deutschland hustet ...

... plagt Tschechien gleich eine Erkältung. So könnte man das deutsch-tschechische Verhältnis aus wirtschaftlicher Sicht in einem Satz zusammenfassen. Wobei die Tschechen Wert darauf legen, dass die Erkältung immer erst mit einer gewissen Verzögerung kommt.

Das Logo des tschechischen Automobilherstellers Škoda zeigt einen gefiederten Pfeil. 1895 gründeten der Buchhändler Vaclav Klement und der Schlosser Vaclav Laurin ihr Unternehmen Laurin & Klement, das sich 1925 mit dem Pilsener Maschinenbaubetrieb Škoda zusammenschloss

Unmittelbar nach der Samtenen Revolution, als die deutsch-tschechischen Beziehungen politisch und sozial im Strudel der Vergangenheit noch manche Irrungen und Wirrungen durchliefen, wurden auf dem Land Herren in feinem Zwirn und schönen Fahrzeugen gesichtet. Sie hatten große Geldkoffer dabei und häufig auch nur kleine Geldbündel. Und wer nicht bei zehn auf dem Baum war, hielt eines von beidem in Händen. Dafür bekamen die Anzugträger aus dem Westen eine Abfüllanlage, eine Druckerei oder gar eine Bank. Berühmtester Treffpunkt für Geschäftsgespräche war in Prag die erste „McDonald's"-Filiale der Stadt, nahe der Metro-Station Florenc, die es bis heute gibt. Die Tschechen luden sich sonntags gegenseitig dorthin ein, aber auch ausländische Geschäftsleute, um sie zu beeindrucken: Seht her, auch wir haben dieses amerikanische Restaurant und so weit sind wir schon ...

Was wie Wirtschaftsromantik aus längst vergangener Zeit klingt, bedeutet heute allerdings knallhart: Industrie, viele Banken und so mancher Mittelstandsbetrieb befinden sich mehrheitlich in ausländischen Händen. Nach Angaben der Deutsch-Tschechischen Industrie- und Handelskammer ist die Bundesrepublik der größte ausländische Investor in Tschechien und für rund ein Viertel der Gesamtinvestitionen seit 1993 verantwortlich. Der Handel mit Deutschland macht fast ein Drittel des gesamten Außenhandels der Tschechischen Republik aus. Für knapp 52 Milliarden Euro exportiert Tschechien pro Jahr nach Deutschland, das damit wichtigster Außenhandelspartner des Landes ist. Deshalb kann aus einem kleinen deutschen Husten schnell mal eine fette tschechische Erkältung werden.

International verknüpft

Die berühmte Brauerei Pilsener Urquell gehört dem japanischen Brauereikonzern Asahi Beer, renommierte Druckereien wie Severotisk besitzt ein bayerischer Verleger, und die Česká Spořitelna, die tschechischen

Produktion der Škoda-Modelle „Fabia" und „Octavia" im Werk Mlada Boleslav

Stadtsparkassen, wurden – wie fast alle anderen tschechischen Banken auch – von europäischen Großbanken übernommen. Schade, könnte man sagen, dass sogar die Traditionsmarke Škoda unter das deutsche VW-Dach wechselte. Škoda, mit 1,25 Millionen gebauten Fahrzeugen pro Jahr, nach Umsatz der größte und nach Beschäftigten immerhin der zweitgrößte Konzern des ganzen Landes, heißt übersetzt „schade" ...

Ein neues Medienimperium

Ein besonders heikles Kapitel ist das Verlagswesen. Rund 85 Prozent des Medienmarktes in Tschechien befanden sich lange im Besitz von ausländischen Verlagen. Bis der milliardenschwere Oligarch und Populist Andrej Babiš kam. Der 65-jährige tschechische Chemieindustrienternehmer slowakischer Herkunft kaufte sich Stück für Stück ein Medienimperium im Land zusammen: Fernsehsender und Radiostationen, Internetportale sowie die auflagenstärkste seriöse Tageszeitung Tschechiens, „Mladá Fronta Dnes" (Junge Front heute), und die seriöse Traditionszeitung „Lidové Noviny" (Volkszeitung). Alle diese Medien trugen ihren Teil dazu bei, dass Babiš mit seiner aus der Bürgerinitiative „akce nespokojených občanů" (Aktion unzufriedener Bürger) hervorgegangenen rechtspopulistischen Protestpartei ANO die Parlamentswahlen im Oktober 2017 gewinnen konnte. Das wäre ungefähr so, als wenn bei uns Angela Merkel „Bayer" in Leverkusen gehören würde und sie dann noch, nach TV-, Radio- und Internetbeteiligungen, erst die „SZ" sowie dann auch noch die „FAZ" gekauft hätte.

Fakten

Wirtschaftsdaten der Tschechischen Republik
(in Klammern zum Vergleich die Zahlen der Bundesrepublik Deutschland):
Einwohner: 10,6 Mio. (82,9 Mio.);
Fläche: 78 866 km² (357 050 km²);
Bruttoinlandsprodukt: 206,8 Mrd. Euro (3386 Mrd. Euro);
Bruttoinlandsprodukt pro Kopf: 19 445 Euro (40 852).

Quelle: https://de.statista.com 2019

Ausflüge in eine andere Welt

Früher genoss vorwiegend der Adel das schöne Landleben in Schlössern, Burgen und Parks. Längst zieht es auch die Prager hinaus in die Provinz zu ihren Wochenendhäuschen. Etliche Ortschaften erstrahlen in neuem Glanz und sind auch für immer mehr Touristen Einladung, der großartigen Vergangenheit des Landes nachzuspüren.

❶ Mělník

Der 20 000-Einw.-Ort hat sich vor allem durch seinen Wein einen Namen gemacht.

SEHENSWERT

Schloss Lobkowicz (Zámek Lobkowicz) geht auf eine slawische Festung aus dem 9. Jh. zurück und thront mit herrlicher Aussicht über den Weinbergen. Zum Renaissanceschloss (16. Jh.; tgl. 9.30–17.15 Uhr) gehören Weinkellerei und Restaurant.
Um den **Marktplatz** (Tržiště) reihen sich für böhmische Orte typische Häuschen, pastellfarben mit Arkadenrundgängen. Im Museumscafé im gotischen Gewölbekeller eines einstigen Kapuzinerklosters gibt es eine günstige Auswahl von 50 böhmischen Weinen, darunter auch zwölf aus der Region um Mělník.

MUSEUM

Das **Muzeum Mělník** informiert über Wein, aber auch über historische Kinderwagen (Náměstí Míru 54, www.muzeum-melnik.cz; Di.–So. 9.00–12.00 und 12.30–17.00 Uhr).

VERANSTALTUNG

Das **Weinfest** (Vinobraní) findet in der letzten Sept.-Woche statt.

EINKAUFEN

Das **Weingut Kraus** (Mělnické vinařství Kraus, Přístavní 1282, www.winehouse.cz/znacka/vinarstvi-kraus) keltert in alter Tradition rote und weiße Weine von gehobener Qualität.

HOTEL UND RESTAURANT

Wer zuviel Wein probiert hat, kann in Schlossnähe im € **Hotel U Rytíře** übernachten (Svatováclavská 17, 276 01 Mělník, Tel. 606 601 380, www.hotelurytire.cz).
Im € € **Schlossrestaurant Lobkowicz** gibt es zur schönen Aussicht auf den Zusammenfluss von Moldau und Elbe Wild, frischen Fisch und Weine zum Probieren (Mělník Svatováclavská 16, Tel. 317 070 150, www.lobkowicz-melnik.cz).

UMGEBUNG

15 km südw. trifft man in **Mühlhausen** (Nelahozeves) an der Moldau auf ein architektonisches Juwel, das Schloss (Zámek) Nelahozeves). Die dreiflügelige Renaissanceanlage (16. Jh.) besitzt eine der größten Büchersammlungen Alt-Böhmens und wertvolle Gemälde (www.lobkowicz.cz; April–Okt. Di.–So. 9.00 bis 17.00 Uhr).
Die **KZ-Gedenkstätte Theresienstadt** (Terezín, 25 km nordw.) war urspr. eine 1780 erbaute und nach Kaiserin Maria Theresia benannte Kasernenfestung. Während des Zweiten Weltkriegs wurde sie von den Nationalsozialisten in ein Konzentrationslager umgewandelt. Von 150 000 Häftlingen wurden 35 000 ermordet (www.terezin.cz; Kernöffnungszeit tgl. 10.00 bis 16.00 Uhr).
Weiter nördl., schon an der Grenze zu Deutschland, liegt der **Nationalpark Böhmische Schweiz** (České Švýcarsko). Bei **Herrnskretschen** (Hřensko) am Elb-Durchbruch ist das Prebischtor (Pravčická brána, www.pbrana.cz) zu finden. Ein 3 km langer Weg führt zum brückenartigen Felsbogen (26,5 m breit, 16 m hoch; Betreten aus Naturschutzgründen untersagt).

Nationalsozialistischer Zynismus im ehemaligen Konzentrationslager Theresienstadt (links). Burg Loket, einst Schlüssel für Böhmen (rechts)

INFORMATION

Turistické informační centrum, Náměstí Míru 1, CZ-276 01 Mělník, Tel. 315 635 111, www.melnik.cz

❷ Kutná Hora

Die Welterbestätte Kuttenberg (21 000 Einw.) wurde 1283 von König Wenzel gegründet. Dank seiner Silberminen stieg der Ort im Mittelalter zur nach Prag wichtigsten Stadt Böhmens auf.

SEHENSWERT

Mitten in der gut erhaltenen **Altstadt TOPZIEL** ist die **Kathedrale der hl. Barbara** (Chrám svaté Barbory), der Schutzpatronin der Bergleute, ein Meisterwerk tschechischer Spätgotik (1388–1565; April–Okt. tgl. 9.00–18.00 Uhr, sonst kürzer). Der **Welsche Hof** (Vlašsky Dvůr) war Zentrum des Wirtschaftslebens und diente Ende des 13. Jh. auch als Stadtburg; hier wurde der Prager Groschen, geprägt (April–Sept. tgl. 9.00–18.00 Uhr, sonst kürzer).

INFOS & EMPFEHLUNGEN

MUSEUM
Im **Silbermuseum** (Hrádek Kastell) werden Besucher in traditionelle Bergmannsgewänder gekleidet und entdecken Stollen in fast 50 m Tiefe. In 400 Jahren Bergbautätigkeit wurden im Kuttenberger Revier 2 500 t Silber und 15 000 t Kupfer gefördert (www.cms-kh.cz; Di. bis So. Kernzeit 10.00–16.00 Uhr).

VERANSTALTUNG
Das **Silber-Fest** (Královské Stříbření; Juni) bildet eine Zeitreise ins Mittelalter mit Ritterturnieren, Märkten und Tanz (www.stribreni.cz).

HOTEL UND RESTAURANT
Auf dem Rückweg von Konopiště nach Prag kann man im € € € **Schlosshotel Zámek Štiřín** nächtigen, einem wunderschönen Barockschloss (Ringhofferova 711, CZ-251 68 Kamenice, Tel. 25 5 736 111, www.stirin.cz.). Die altböhmische Gaststätte € € **Pivnice Dačický** bietet traditionelle Küche (Rakova 8, Tel. 60 3 434 367, www.dacicky.com).

UMGEBUNG
Das skurrile Beinhaus von **Sedlec** (Kostnice Sedlec; westl.) entstand aus einer Kapelle des Klosterfriedhofs. Aus Platzmangel lagerten die Knochen aus aufgelösten Gräbern ab 1511 in der Kapelle. 1870 gestaltete der Holzschnitzer František Rint daraus Kronleuchter, Wappen und Monstranzen (April–Sept. tgl. 8.00 bis 18.00 Uhr, sonst kürzer).
Burg Sternberg (Český Šternberk; 30 km südw.) ist der älteste bewohnte Adelssitz in Tschechien. Die 1241 erbaute Burg hat ihr Aussehen einer mittelalterliche Festung beibehalten (www.hradceskysternberk.cz; Juni bis Aug. Di.–So. 9.00–18.00 Uhr, sonst kürzer).

> **Tipp**
>
> ### In den Kolonnaden
>
> Merkwürdig ist das schon, wenn man Menschen auch beim Einkaufen an ihren Schnabeltassen nuckeln sieht. Aber so ein Trinkbecher ist das erste, was sich ein Karlsbad-Besucher zulegen muss, denn beim Trinken des Heilwassers soll sich der Kurgast unbedingt bewegen. Erst im 16. Jh. begann man übrigens damit, das Thermalwasser auch innerlich anzuwenden. Jede Quelle hat eine andere Zusammensetzung von Mineralsalzen, Ionen und Gasen und deswegen auch andere Wirkungen: Kalte Quellen führen ab, warme Quellen verstopfen. Für die Trinkkur hat Karlsbad 12 Quellen – die sogenannte 13. Quelle, der berühmte Kräuterlikör Becherovka, sollte besser nur in kleinen Mengen und vielleicht auch nicht täglich genossen werden …

Hinter dem Brauereitor das Pilsener Bierparadies Prazdroj (links). Böhmisch Krumaus Ringplatz (rechts oben) und Schloss (rechts unten)

Schloss Konopischt (Zámek Konopiště), weitere 20 km westl. bei Benešov, war Sommerresidenz des 1914 in Sarajewo ermordeten k.u.k-Thronfolgers Franz Ferdinand, die er Ende des 19. Jh. in romantischem Stil gestalten und luxuriös ausstatten ließ (www.zamek-konopiste.cz; Juni–Aug. tgl. 10.00–17.00 Uhr, sonst kürzer).

INFORMATION
Turistické Informační centrum, Palackého náměstí 377, CZ-284 01 Kutná Hora, Tel. 327 512 378, www.kutnahora.cz

❸ České Budějovice

Budweis ist mit 95 000 Einw. die größte Stadt Südböhmens und durch sein Bier bekannt.

SEHENSWERT/MUSEUM
Am **Marktplatz** (Tržiště) finden sich Renaissance-Arkadenumgänge, der Schwarze Turm (1566; einst Wach-, heute Aussichtsturm), der figurale Samsonbrunnen (1727) und das barocke Rathaus (1730). **Das Brauereimuseum von Budweiser** (Muzeum Budvar) gibt Einblicke (Karoliny Světlé 4, www.budvar.cz; im Sommer tgl. 9.00–17.00 Uhr, im Winter nur Mo.–Fr.

INFORMATION
Turistické informační centrum, Náměstí Přemysla Otakara II. 2, CZ-370 92 České Budějovice, Tel. 386 801 413, www.c-budejovice.cz

❹ Český Krumlov

Böhmisch Krumau (14 000 Einw.) ist die nach Prag am häufigsten besuchte Stadt Tschechiens. Das UNESCO-Welterbe liegt malerisch in einer S-Kurve der Moldau.

SEHENSWERT
Die **Altstadt TOPZIEL** (Staré Město) lohnt den Besuch, besonders das Renaissanceschloss (Zámek Český Krumlov), nach der Prager Burg zweitgrößtes historisches Gebäudeensemble in Tschechien (Mai–Sept. Di.–So. 9.00–17.00 Uhr). Im Schloss befindet sich eines der noch bespielten Rokokotheater. Den Schlossgraben überspannt eine imposante Brücke.

MUSEUM
Im **Egon Schiele Art Centrum** sind neben der ständigen Ausstellung zu dem expressionistischen Künstler (1890–1918) Wechselausstellungen zu sehen (Široká 71, www.esac.cz, Di.–So. 10.00–18.00 Uhr).

HOTEL UND RESTAURANT
Das € € **Hotel Zlatý Anděl** besteht aus drei historischen Häusern samt zwei Restaurants mit lokalen und internationalen Spezialitäten (Náměstí Svornosti 11, CZ-381 01 Český Krumlov, Tel. 380 712 310, www.hotelzlatyandel.cz).

INFORMATION
Turistické Informační centrum, Náměstí Svornosti 2, CZ-381 01 Český Krumlov, Tel. 380 704 622, www.ckrumlov.info

❺ Plzeň

Pilsen wurde im 12. Jh. von König Wenzel II. schachbrettartig angelegt. Die 165 000-Einw.-Stadt hat wirtschaftliche Bedeutung durch die Škoda-Werke und die Brauerei Pilsner Urquell.

SEHENSWERT/MUSEUM
Am weitläufigen Marktplatz (Náměstí Republiky) steht die schwarze **St.-Bartholomäus-Kathedrale** (Katedrála sv. Bartoloměje; Urspr. 13. Jh.), die den mit 103 m höchsten Kirchturm des Landes besitzt (April–Sept. Mi.–Sa. 10.00–16.00, Okt.–Dez. Mi.–Fr. 10.00–16.00, Turm ganzj. tgl. 10.00–18.00 Uhr).

MUSEUM
Bereits 1295 verlieh König Wenzel II. den Bürgern das Braurecht. Doch erst von Josef Groll aus Vilshofen gebrautes Bier brachte 1842 den Durchbruch – ein untergäriges helles Lagerbier, Urtyp aller hellen Biere (**Pivovarske Muzeum,**

Veleslavínova 6, www.pilsner-urquell.cz; April bis Dez. tgl. 10.00–18.00 Uhr, sonst kürzer).

UMGEBUNG
Burg Karlstein TOPZIEL (Hrad Karlštejn) liegt zwischen Pilsen und Prag und ist das Musterbeispiel einer mittelalterlichen Burg. Karl IV. ließ sie 1357 zum Schutz seines Krönungsschatzes bauen. Besichtigungsrunden durch die Privat- und Repräsentationsräume Karls IV. mit der Kapelle des Hl. Kreuzes, der reich geschmückten ehem. Schatzkammer, und die Aussicht vom Großen Turm sind nur mit Burgführer möglich (www.hrad-karlstejn.cz; Kernöffnungszeiten April–Okt. 9.30–16.30, Nov. bis März 10.00–15.00 Uhr).

INFORMATION
Informační centrum, Náměstí republiky 41, CZ-30100 Plzeň, Tel. 378 035 330, www.pilsen.eu

❻ Karlovy Vary

Der Ruhm von Karlsbad (Karlovy Vary) gründet auf zwölf mineralhaltigen, Ende des 14. Jh. entdeckten Thermalquellen. Der Kurort mit 53 000 Einw. erlebte seine Hochphase im 19. Jh., als Heilbäder bei der Prominenz beliebt waren und der Ort Anschluss ans Eisenbahnnetz fand.

SEHENSWERT/MUSEUM
Das **Kurviertel** lockt mit Wandelgängen (tgl. 6.00–19.00 Uhr), der Sprudel-, Markt-, Schlossbrunn- und der Mühlbrunnkolonnade (Mlýnská Kolonáda, 132 m), erbaut wie ein Tempel. Einblick in mehr als 150 Jahre Glashandwerkgeschichte erhält der Besucher im **Moser Museum** (Moser Muzeum, Kapitana Jaroše 19, www.moser-glass.com; Mo.–Sa. 9.00–17.00 Uhr).

VERANSTALTUNG
Das **Internationale Filmfest Karlsbad** (Mezinárodní Filmový Festival Karlovy Vary, www.kviff.com) findet Ende Juni/Anf. Juli statt.

EINKAUFEN
Becherovka ist ein Kräuterlikör und beliebtes Mitbringsel wie die **Karlsbader Oblaten**.

HOTEL
Das € € € € **Grandhotel Pupp** zählt zu den Hotellegenden Tschechiens (Mírové náměstí 2, CZ-36001 Karlovy Vary, Tel. 353 109 111, www.pupp.cz).

UMGEBUNG
Auch **Marienbads** (Mariánské Lázně) Marienquelle ist seit dem 14. Jh. bekannt. Im 19. Jh. wurden schöne Parklandschaften und für die internationale Gästeschar 1889 die 120 m lange Kurkolonnade angelegt. **Elbogen** (Hrad Loket; 12 km südw.) nennt sich das mächtige Bollwerk mit Urspr. im 12. Jh.; es galt im Mittelalter als Schlüssel zum Königreich Böhmen.

INFORMATION
Infocentrum, Lázeňská 14, CZ-36001 Karlovy Vary, Tel. 355 321 176, www.karlovyvary.cz

---

AUSFLÜGE
112 – 113

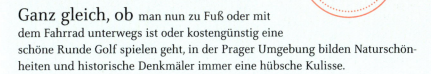

Genießen   Erleben   Erfahren

Schöne Aussichten

Ganz gleich, ob man nun zu Fuß oder mit dem Fahrrad unterwegs ist oder kostengünstig eine schöne Runde Golf spielen geht, in der Prager Umgebung bilden Naturschönheiten und historische Denkmäler immer eine hübsche Kulisse.

Märchenhaft ist er allemal, der Golfplatz auf einem grünen Hügel mit direktem Blick auf Burg Karlštejn. Auch die Anlage bei Konopiště ist nach dem nahegelegenen Schloss benannt, und der Golf & Racing Club in Karlsbad wurde sogar in der Mitte einer Pferderennbahn eingerichtet. In Tschechien wird Golfern eine einzigartige Kombination aus Naturschönheiten, historischen Denkmälern und Golfspiel geboten und das sehr günstig, aber trotzdem in hervorragender Qualität, denn Golf hat in Tschechien eine lange Tradition. Der erste Neun-Loch-Platz entstand 1904 in Karlsbad.

Wandern oder Radfahren konnte man damals natürlich auch schon. Nur war der grenzüberschreitende Europäische Fernwanderweg E 3 noch in weiter Ferne. Im tschechischen Teil führt er vom böhmischen Bäderdreieck am Kaiserwald durch das böhmische Erzgebirge bis zum Elbsandsteingebirge und ist mit mehr als 400 Kilometern nur in mehreren Etappen zu bewältigen.

Mit dem Rad direkt nach Prag kann man über Burgen, Schlösser und Städtchen auf der 1000 Kilometer langen Burgenstraße bereits von Mannheim aus fahren. Von Prag nach Mělník ist man auf der Moldau-Fahrradstrecke dagegen schon nach 50 Kilometern am Ziel und hat dann noch genügend Zeit, den dort angebauten Wein zu probieren.

Weitere Informationen

Die Greenfee in Tschechien ist günstig; an Wochentagen kommt man schon ab 1000 CZK auf den Platz.
Golfplätze gibt es in Karlsbad (www.golfresort.cz, https://hipodromholoubek.cz), in Cihelny bei Karlsbad (www.astoria-golf.com), in Karlštejn (www.karlstejn-golf.cz), Konopiště (www.golf-konopiste.cz) und Marienbad (www.golfml.cz).
Radeln auf der Burgenstraße: www.burgenstrasse.de. Und von Prag an der Moldau entlang nach Mělník: www.elberadweg.cz
Wandern auf dem Fernwanderweg E3: www.fernwege.de/cz.

UNSERE FAVORITEN

Böhmische Küchenklassiker

Der deftigste Geschmack

Wen wundert's, dass sich ein Bayer in Prag schnell zu Hause fühlt: Hier gibt es bestes Bier und leckeren Schweinebraten. Aber auch Österreicher und Ungarn finden Heimisches auf tschechischen Speisekarten. Wobei der größte gemeinsame Nenner eben der recht deftige Geschmack ist. Dobrou chut – guten Appetit!

1 Svíčková

Der berühmte Lendenbraten mit Sahnesauce und den noch berühmteren böhmischen Knödeln gilt als *das* Nationalgericht schlechthin. Das Rindfleisch wird in Scheiben geschnitten, mariniert, in einer Kasserolle gegart und meist mit Preiselbeeren serviert. Von der manchmal zu lesenden Übersetzung Kerzenbraten sollte man sich nicht irritieren lassen: Im Tschechischen heißt Svíčka schlicht Kerze. Eine gute Wahl, ein prima Svíčková zu probieren, ist bei den Mönchen im …

… Klášterní Pivovar Strahov, Strahovské Nádvoří 301, Kleinseite, Tel. 233 353 155, www.klasterni-pivovar.cz

2 Vepřová Pečeně

Der Schweinebraten, ebenfalls mit böhmischen Knödeln und Kraut serviert, liegt unter den Nationalgerichten fast gleichauf mit Svíčková. Und weil die Beilagen fast so wichtig sind wie das Fleisch, sagen sie in Nordböhmen sogar Knedlo-Vepřo-Zelo, also Knödel-Schwein-Kraut dazu. Das Fleisch mit Schwarte wird im besten Fall mit Knoblauch eingerieben. Dazu wird nicht Rot-, sondern Sauerkraut oder auch frisch gekochtes Kraut mit Speckwürfeln und Kümmel gereicht. Eine gute Adresse dafür ist das Plzenska Restaurace.

Plzenska Restaurace, Náměstí Republiky 5, Neustadt, Tel. 222 002 770, www.plzenskarestaurace.cz

3 Koleno

Zu den Pflichtgenüssen gehört eine der beliebtesten Speisen der Prager, die Schweinshaxe. Man muss immer von einer üppig dimensionierten Portion ausgehen, darf eine knusprige Kruste und saftig-zartes Fleisch erwarten, das im Wortsinn vom Knochen fällt. Für Prag typisch ist zudem, dass die Haxe vor dem Braten in dunklem Bier mit Gewürzen eingelegt wurde. Im Kolkovna Olympia wird die Haxe an einer Art Galgen aufgehängt. Der Teller allein packt das gute Stück sonst nicht.

Kolkovna Olympia, Vítězná 7, Kleinseite, Tel. 251 511 080, www.vkolkovne.cz

4 Guláš

Gulasch hat seinen Ursprung in Ungarn, speziell das Guláš Segedínský, aber mit den böhmischen oder Karlsbader Knödeln wurde es sozusagen eingemeindet und gehört heute zu den Favoriten der tschechischen Küche. Das gelegentlich ebenfalls angebotene Biergulasch gleicht eher unserer Gulaschsuppe. Das zarteste Gulasch wird im ehemaligen Anbandlungsraum im Café Louvre serviert – dort wo einst hübsche Mädchen auf reiche Prager warteten.

Café Louvre, Národní 22, Neustadt, Tel. 224 930 949, www.cafelouvre.cz

UNSERE FAVORITEN

5 Pražská Sunka

Jeder kennt ihn aus der heimischen Metzgerei: Prager Schinken, der böhmische Kochschinken, der aber vor Ort – anders als bei uns – traditionell warm gegessen wird. Wichtig für seinen unverwechselbaren Geschmack ist die langwierige Vorbereitung: Die Hinterkeulen vom jungen Schwein werden samt Schwarte mit Salz, Zucker und Gewürzen wie Koriander, Wacholder, Kümmel und Lorbeer eingerieben ... Am besten schmeckt er direkt vom offenen Feuer am Weihnachtsmarkt:

Staroměstské Náměstí, Altstadt, im Dez., www.czech-tourist.de/weihnachtsmarkt.htm

6 Pečená Kachna

Die Kruste ist knusprig und goldgelb, das Fleisch zart und die Enttäuschung trotzdem groß: Spätestens jetzt bedauert der Besucher nämlich, nicht eine halbe, sondern lediglich eine Viertel-Ente bestellt zu haben ... Entenbraten gehört zu den Klassikern der böhmischen Küche, meist serviert mit Kartoffelknödeln und Rotkraut, doch auch die Variante mit Sauerkraut und Semmelknödeln ist durchaus geläufig. Unter den Arkadengängen des Restaurants U Glaubiců schmeckt Ente besonders gut.

U Glaubiců, Malostranské Náměstí 266, Kleinseite, Tel. 257 532 027, https://uglaubicu.com/de/

7 Kapr

Karpfen – und zwar immer gebacken sowie ausschließlich mit Kartoffelsalat (Bramborový Salát) – stellt um die Weihnachtszeit sogar Svíčková und Schweinebraten in den Schatten. Die Straßen der Stadt sind zugestellt mit großen Bottichen, wo die Leute fachmännisch ihren Karpfen aussuchen. Die meisten nehmen ihn in einer Plastiktüte mit Wasser nach Hause und lassen ihn bis Heiligabend in der Badewanne schwimmen. Wer nicht das Glück einer privaten Einladung zum Karpfenessen hat, geht am besten ins Restaurace ...

... U Pinkasů, Jungmannovo Náměstí 15, Neustadt, Tel. 221 111 152, www.upinkasu.cz

8 Chlebíčky

Schnittchen auf Tschechisch: Jan Paukert hat sie im Jahr 1916 erfunden, und bis heute gibt es sie in sehr guter Qualität. Die Weißbrotschnitten sind stets mit ordentlich Mayonnaise bestrichen, mit Schinken, Käse, Ei, Salami, Gurken, Paprika, Tomaten und Salat, aber auch mit Kaviar belegt und werden liebevoll garniert. Die größte Auswahl der Stadt (und sehr gut in der Qualität) hat das Ovocný Světozor in der Nähe vom Wenzelsplatz mit besten Kuchen und feiner Eiscreme zum Nachtisch.

Ovocný Světozor, Vodičkova 39, Passage Světozor beim Kino, Neustadt, Tel. 774 444 874, www.ovocnysvetozor.cz

Prag ist beiderseits der Karlsbrücke eine Stadt für Fußgänger (oben). Die Radklammer gehört zum alltäglichen Bild (rechts)

Service

Prag liegt im Herzen Europas – und dennoch ist manches anders, als wir es gewöhnt sind. Die nachfolgenden Hinweise werden deshalb sicherlich hilfreich sein.

Anreise

Mit dem Auto: Aus Berlin und Dresden nach Prag über die E 55/A 17 (Grenzübergang Zinnwald/Cínovec); aus München oder Nürnberg über Pilsen E 50/A 93 (Grenzübergang Waidhaus/Rozvadov); aus Wien auf der E 50/D 1 über Brünn (Brno). Aktuelle Infos zu Baustellen und Staus: www.dopravniinfo.cz.

Mit der Bahn: Von Berlin im 2-Std.-Takt nach Prag (Fahrzeit 4,5 Std.). Von Frankfurt, Hamburg und München mehrmals tgl. (Fahrzeit ca. 6,5 Std.).

Mit dem Bus: Eine preiswerte Alternative sind die regelmäßigen Busverbindungen von allen großen deutschen Städten. Der Prager Busbahnhof liegt bei der Metrostation Florenc. In wenigen Minuten ist man im Zentrum. Nützlich ist der Fernbusvergleich www.busliniensuche.de; diese Internetseite listet die verfügbaren Busverbindungen nach Anbieter, Abfahrtsort, Termin, Preis etc. auf.

Mit dem Flugzeug: Direktflüge aus Deutschland zum Teil mehrmals tgl. ab Düsseldorf (Eurowings, ČSA), Frankfurt (Lufthansa, ČSA), Hamburg (Eurowings, ČSA), Köln (Germanwings), München (Lufthansa, ČSA) und Stuttgart (ČSA). Aus Österreich ab Wien (Austrian) und aus der Schweiz ab Basel (Swiss), Genf (Swiss) und Zürich (Swiss). Die Flugzeit beträgt ca. 1,5 Stunden. Größter und wichtigster Flughafen ist der Letiště Václava Havla Praha (Václav Havel Flughafen Prag). Die Entfernung ins Stadtzentrum beträgt 20 km; der Airportexpress kostet 60 CZK, ein Taxi rund 500 CZK.

Einreise: Tschechien ist Mitglied der Europäischen Union. Bürger von EU-Ländern und der Schweiz können mit gültigem Reisepass oder Personalausweis einreisen und sich bis zu drei Monate ohne Visum im Land aufhalten.

Auskunft

In Prag: Offizielles Tourismusportal der Stadt Prag: www.prague.eu/de.
Tourist-Informationen im Altstädter Rathaus, Staroměstské náměstí 1, Altstadt; Rytířská 12, Altstadt; Václavské náměstí/Štěpánská ulice, Neustadt; Flughafen Terminal 1 und 2.
In Deutschland: Tschechische Zentrale für Tourismus – CzechTourism, Wilhelmstraße 44, 10117 Berlin, Tel. 030 204 47 70, www.czechtourism.com. Das Büro in Berlin ist auch für **Österreich** und die **Schweiz** zuständig.

Autofahren

Wer mit dem Auto oder Mietwagen anreist, sollte den Wagen unbedingt in der **Garage des Hotels** stehen lassen. Die Verkehrsführung in Prag ist wegen vieler Einbahnstraßen kompliziert, Parkplatzraum sehr knapp und die Fahrbahnbeschaffenheit durch Schlaglöcher und Kopfsteinpflaster nicht fahrzeugschonend. Alle Ziele sind leicht mit öffentlichen Verkehrsmitteln zu erreichen, Taxifahren ist relativ günstig. Böse Zungen behaupten, dass in Prag ein gutes Auto, über Nacht auf offener Straße geparkt, am nächsten Morgen nur dann noch aufzufinden ist, wenn es von der Polizei wegen **Falschparkens** mit einer Radklammer festgesetzt wurde. In diesem Fall hilft nur das Anrufen der auf dem Strafzettel angegebenen Telefonnummer, das Bezahlen des Bußgelds und mindestens 30 Min. Wartezeit, ehe die Polizei das Fahrzeug frei gibt.
Auf Karten sind die Straßen in Tschechien mit den Buchstaben gekennzeichnet: D für Autobahnen, R für Schnellstraßen und S für regionale Straßen. PKWs müssen für die **Autobahnbenutzung** eine Vignette haben, die an jeder Tankstelle erhältlich ist; eine Zehn-Tage-Vignette kostet 310 CZK. Der Preis für einen Liter Superbenzin bleifrei liegt bei ca. 33 CZK (Juni 2019).

> **Tipp**
>
> ### Gut & günstig
>
> Die **Prague Card** gibt es für zwei (1550 Kč), drei (1810 Kč) und vier Tage (2080 Kč). Sie ermöglicht den Eintritt in rund 60 der bedeutendsten Sehenswürdigkeiten und Museen Prags sowie eine gratis Stadtrund- und Flusskreuzfahrt.
>
> **INFORMATION**
> Wer online bestellt (www.praguecard.com), kann die Karte am Flughafen oder in etwa einem Dutzend Verkaufsstellen in der City abholen.

Essen und Trinken

Die tschechische Küche ist geprägt von traditionellen Gerichten aus Urgroßmutters Zeiten. Zu Österreich und Bayern besteht große kulinarische Verwandtschaft. Aufgetischt wird, was im Land selbst angebaut wird: Getreide, Kraut, Pilze und Kartoffeln (Brambory). Letztere brachten irische Mönche im 17. Jh. ins Land. Die beiden traditionellsten tschechischen Gerichte in den Prager Restaurants (tschechisch:

Beliebtes tschechisches Zwischengericht: Chlebíčwky – belegte Schnittchen

Preiskategorien

€€€€	Hauptspeisen	über 15 €
€€€	Hauptspeisen	10–15 €
€€	Hauptspeisen	5–10 €
€	Hauptspeisen	bis 5 €

Restaurants, Bierlokale, Kaffeehäuser und Bars sind auf S. 93 f. aufgeführt. Die Restaurants sind nach ihrem **Preisniveau** kategorisiert.

Restaurace) sind **Svíčková** (Lendenbraten mit Sahnesauce und böhmischen Knödeln) und **Vepřová Pečeně** (Schweinebraten mit böhmischen Knödeln und Kraut). Inzwischen wird auch vielerorts internationale Küche mit – gegenüber der schweren tschechischen Art – leichterer Kost angeboten. **Fische** (Ryby) aus den heimischen Gewässern sind Zander, Forelle und Karpfen; Letztere kommen traditionell an Weihnachten auf den Tisch. Auf den Speisekarten wird zuweilen immer noch das Gewicht des auf den Teller kommenden Fleisches oder Fisches angegeben – ein Relikt aus kommunistischen Mangelzeiten. Zwischendurch werden gerne **Chlebíčky** gegessen: belegte Schnittchen mit kräftig Mayonnaise sowie zum Beispiel Kaviárem (mit Kaviar), Vejcem Salátem (mit Ei und Salat) oder Šunku Salámem (mit Schinken und Salami). Bei den **Süßspeisen** erfreuen sich Apfelstrudel (Štrúdl, traditionell kalt und ohne Sauce), Buchteln und Rohrnudeln mit unterschiedlichen Fruchtfüllungen großer Beliebtheit. Zum **Trinken** lieben die Prager Bier, vor allem das Pivo der zahlreichen Kleinbrauereien. Auch heimische Weine (Víno) kommen auf den Tisch. Bis auf wenige sind sie allerdings schlechter als preislich vergleichbare internationale Tropfen. Mineralwasser (Voda) gibt es mit (perliva) und ohne Kohlensäure. Säfte sind meist übersüßt. Prag hat ein **Museum der Gastronomie**, in dem es über die Geschichte des Kochens von der Feuerstelle bis zur Mikrowelle geht (Jakubská 12, Altstadt, www.muzeumgastronomie. cz; tgl. 10.00–19.00 Uhr).

Feiertage und Feste

Die offiziellen **Feiertage** in Tschechen entsprechen nur etwa zur Hälfte den deutschen. Es sind Neujahr (1. Jan.), Ostermontag, der Tag der Arbeit (1. Mai), der Tag der Befreiung vom Faschismus (8. Mai), der Tag der slawischen Glaubensboten Kyrill und Method (5. Juli) sowie die Todestage von Jan Hus (6. Juli) und des hl. Wenzel (28. Sept.), der Entstehungstag der Tschechoslowakei (28. Okt.), der Tag des Freiheits- und Demokratiekampfes (17. Nov.) und Weihnachten (25. und 26. Dez.). Die **Sommerferien** dauern von Anf. Juli bis Ende Aug. **Feste und Veranstaltungen** sind auf den jeweiligen Info-Seiten aufgeführt.

Geld

Währung ist die Tschechische Krone (Koruna česká, CZK). Es gibt Münzen im Wert von 1, 2, 5, 10, 20 und 50 CZK und Banknoten im Wert von 50, 100, 200, 500, 1000, 2000 und 5000 CZK. Für einen Euro erhält man knapp 26 CZK (Stand 2019). Nur wenige Geschäfte, Restaurants und Hotels akzeptieren den Euro als Barzahlungsmittel – und wenn doch, dann meist nicht zu den besten Umtauschraten.
Kreditkarten werden in allen großen Geschäften, Restaurants und Hotels akzeptiert. Am besten ist es, Bargeld an einem der Geldautomaten zu ziehen. Wechselstuben sind wegen der oft hohen Kommissionen (bis zu 10 %) nicht zu empfehlen. Auch sollte man niemals Geld auf der Straße tauschen.

Hotels

Das Prager Hotelverzeichnis listet rund 50 Fünf-Sterne-Hotels auf. Zurzeit erfüllen jedoch nur fünf diese Kategorie nach internationalen Standards. Deshalb ist es in Prag noch möglich, im Stadtzentrum in einem der vielen Jugendstilhotels mit historischem Ambiente zu bezahlbaren Preisen zu nächtigen. Was selbst bei den Tophotels in Prag auffällt, ist, dass Spa- und Wellness-Bereiche sehr unterentwickelt sind. Außer hier und da einen Whirlpool, bietet erstaunlicherweise kein Fünf-Sterne-Hotel ein großes Schwimm- oder Hallenbad an. Die Konkurrenz ist groß, denn Prag ist anders als Paris oder London keine Wiederholer-Destination.

Daten & Fakten

Einwohner: Prag ist mit ca. 1,3 Mio. Einw. Hauptstadt und größte Stadt der Tschechischen Republik (insgesamt 10,6 Mio. Einw.). Rund zwei Drittel der Tschechen gehören keiner Konfession an.
Geografie: Prags Fläche beträgt etwa 500 km² (Tschechien ca. 79 000 km²). Ein Großteil der Stadt liegt auf sieben Hügeln in einem weiten Tal zu beiden Seiten der Moldau, die das Stadtgebiet auf knapp 30 km Länge durchfließt. Sie umströmt sieben Inseln, darunter die südlich der Karlsbrücke gelegenen und für Touristen interessanten Slovanský Ostrov, Dětský Ostrov und Střelecký Ostrov sowie die Halbinsel Kampa, die den Westteil der Karlsbrücke trägt. Knapp ein Fünftel der Stadtfläche steht unter Denkmalschutz; ein Teil davon ist UNESCO-Weltkulturerbe: nahezu die gesamte Altstadt.
Verwaltung: Historische sowie große Viertel am Stadtrand sind zu insgesamt 16 Bezirken zusammengefasst; kleinster Bezirk ist die Kleinseite (Malá Strana).
Die Organe der Hauptstadt sind: Stadtvertretung (Zastupitelstvo Hlavního Města Prahy), Stadtrat (Rada) und Oberbürgermeister (Primátor). Die 70-köpfige Stadtvertretung wird in den allgemeinen Kommunalwahlen per Verhältniswahl gewählt. Diese wählt danach aus eigenen Reihen den elfköpfigen Stadtrat und den Primátor.
Wirtschaft: Prag war schon immer das wirtschaftliche Zentrum des Landes. Bedeutendster Zweig ist der Tourismus mit in jedem Jahr rund 8,5 Mio. Besuchern. Die Stadt verfügt aber auch über eine ansehnliche verarbeitende Industrie und mit den Barrandov-Studios über eine florierende Filmwirtschaft. Unter allen ehemaligen Ostblockländern gelang Tschechien in den 1990er-Jahren die Umstellung auf die Marktwirtschaft am schnellsten. Wegen seiner zentralen Lage, der guten Infrastruktur sowie seiner Leistungsbereitschaft galt Tschechien für deutsche Unternehmer lange Zeit als Investitionsstandort Nummer eins, noch vor der Slowakei und China.
Die mehr als 2000 ausländischen Unternehmen im Land tragen maßgeblich zur Exportstärke bei, die aus der Tschechischen Krone eine stabile und vertrauenswürdige Währung machte. Gut 80 % der tschechischen Ausfuhren gehen in Länder der Europäischen Union, etwa ein Drittel nach Deutschland.

SERVICE

Nationalsymbole: Karlstein (links) und Wenzelsplatz (rechts). Vom Balkon des Repräsentantenhauses wurde die Republik ausgerufen (Mitte).

Preiskategorien

€ € € €	Doppelzimmer	über 200 €
€ € €	Doppelzimmer	150 – 200 €
€ €	Doppelzimmer	100 – 150 €
€	Doppelzimmer	50 – 100 €

Das ist gut für den Gast, denn sogar in vielen Luxushotels ist der Übernachtungspreis, vor allem in der Nebensaison, gut verhandelbar. Nachfolgend eine Auswahl:

€ € € € **Four Seasons** bietet ein Postkartenpanorama mit sensationellem Blick auf Karlsbrücke, Aussichtsturm Petřin, Kloster Strahov, Niklaskirche, Burg und St.-Veits-Dom (Veleslavínova 2a, Altstadt, 110 00 Praha 1, Tel. 221 427 000, www.fourseasons.com/prague/).

€ € € € **Mandarin Oriental** logiert in ehem. Klostermauern aus dem 14. Jh., in denen moderner Stil und historisches Ambiente keinen Widerspruch bilden sowie bester Service geboten werden. Spa in einer früheren Klosterkapelle (Nebovidská 1, Kleinseite, 118 00 Praha 1, Tel. 233 088 888, www.mandarinoriental.de/prague).

€ € € € **Aria** ist ein ehem. in ein Musikhotel verwandeltes Theater. Jedes der vier Stockwerke ist einem anderen Musikstil gewidmet: von Oper bis Jazz. Es gibt eine schöne Terrasse mit Burgblick (Tržiště 9, Kleinseite, 118 00 Praha 1, Tel. 225 334 111, www.ariahotel.net).

€ € € € / € € € **The Grand Mark** in einem Stadtpalais (17. Jh.). Klassisches Design und moderne Kunst zeichnen das ehem. Kempinski-Hotel heute aus (Hybernska 12, Altstadt, 110 00 Praha 1, Tel. 226 226 111, www.grandmark.cz).

€ € € € / € € € **Le Palais** ist ein 1897 im Belle-Époche-Stil umgebautes Schmuckkästchen. Ruhig und doch zentral gelegen (U Zvonarky 1, Vinohrady, 120 00 Praha 2, Tel. 234 634 111, www.lepalaishotel.eu).

€ € € **Carlo IV.** bietet hinter einem klassizistischen Portal eine Mischung aus historischen und modernen Elementen. Mit Indoorpool, was selten für Prager Hotels ist (Senovazne náměstí 13, Neustadt, 110 00 Praha 1, Tel. 224 593 111, www.dahotels.com/carlo-iv-prague).

€ € € **Diplomat** Im Whirlpool im 9. Stock sitzen, genüsslich auf die Burg schauen und entspannen nach einem langen Sightseeingtag. Dann auf der Dachterrasse nebenan einen Cocktail schlürfen und die Burg nicht aus den Augen lassen … Nur zwei Metro-Stationen zur Malostranská (Evropská 15, Burgviertel, 118 00 Praha 1, Tel. 296 559 111, www.viennahouse.com).

€ € **Andel's** Modernes Design und helle Farben sorgen in den 239 Zimmern für einen angenehmen Aufenthalt, der gar nicht teuer ist. Sauna, Dampfbad, ein Restaurant, das auf organic Food setzt, und die Lage an der Metro sind weitere Pluspunkte (Stroupeznického 21, Smíchov, 150 00 Praha 5, Tel. 296 889 688, www.viennahouse.com).

€ € **Angelo** ist ein modernes Haus in Metro-Nähe mit gutem Preis-Leistungs-Verhältnis (Radlicka 1g, Smíchov, 150 00 Praha 5, Tel. 234 801 111, www.viennahouse.com).

€ € **Grand Hotel Praha Palace** hat historische Zimmer mit Blick auf die Astronomische Uhr des Altstädter Rathauses (Staroměstské náměstí 22, Altstadt, 110 00 Praha 1, Tel. 221 632 556, www. grandhotelpraha.cz).

€ € **Monastery** gehört zum Kloster Strahov und bietet Wohnen im Kloster (Strahovske nadvori 13, Burgviertel, 118 00 Praha 1, Tel. 233 090 200, www.hotelmonastery.cz).

€ € / € **Imperial** ist ein angenehmes Art-déco-Hotel neben dem Shopping-Tempel Palladium (Na poříčí 15, Neustadt, 110 00 Praha 1, Tel. 246 011 663, www.hotel-imperial.cz).

€ € / € **U Zeleného Hroznu** verfügt über acht Zimmer in einem Häuschen aus dem 16. Jh. mit Garten und Burgblick (Jánský Vršek 11, Kleinseite, 118 00 Praha 1, Tel. 603 332 105, www.uzelene hohroznu.cz).

€ **Aparthotel Austria Suites**, günstiger und trotzdem gut kann man in ganz Prag wohl nirgendwo wohnen (Štefánikova 25, Smíchov, 150 00 Praha 5, Tel. 251 116 555, www.apart hotel-austriasuites.cz).

€ **Purpur** Purpurrot sind Bettwäsche, Vorhänge und Wände. In den ansonsten puristisch gestalteten 36 Zimmern ist die Dusche vom Bett nur durch eine Glaswand getrennt. Die Zimmer in der obersten Etage haben eine Küchenzeile und Balkon (Řeznická 15, Neustadt, 110 00 Praha 1, Tel. 731 118 113, www.purpurhotel.com).

Knigge

Der gesellschaftliche Umgang ähnelt dem anderer westeuropäischer Länder. Manche Tschechen sprechen gutes Englisch und auch Deutsch – was nicht heißt, dass man gleich auf Deutsch loslegen sollte. Wer als Deutscher auf Tschechisch Guten Tag (dobrý den), bitte (prosím), danke (děkuji oder kurz díky) oder auf Wiedersehen (na skledanou) sagen kann, kommt leichter voran. Dann sprechen auch die Tschechen gerne Deutsch …

Menschen mit Handicap

Für körperlich eingeschränkte Menschen ist Prag nicht unbedingt ein empfehlenswertes Reiseziel. Im Zentrum und an der Burg überwiegt Kopfsteinpflaster, das Vorankommen ist sehr mühsam.

Notruf

Notruf 112, Polizei 158, Rettungsdienst 155, Feuerwehr 150.

Öffentlicher Nahverkehr

Prag hat drei **U-Bahnlinien** – die grüne (A), die gelbe (B) und die rote (C) Metro. Wohin die

U-Bahn nicht reicht, dorthin fahren Straßenbahn und Bus. Die U-Bahn fährt tgl von 5.00 bis 24.00 Uhr. Den Nachtverkehr stellen Nacht-Straßenbahnen und -Busse notdürftig sicher **Linienbusse** verbinden den Prager Flughafen sowohl mit der Metro als auch mit dem Stadtzentrum. Die Fahrt von einer Metro-Endstation ins Stadtzentrum dauert weniger als 30 Min.

Fahrkarten können in Metro-Stationen, an Zeitungskiosken, Straßenautomaten, in Informationszentren des Nahverkehrs oder auch in Hotels erworben werden. Die Kurzfahrkarte ist 30 Min. gültig und kostet 24 CZK, die Grundfahrkarte ist 90 Min. gültig und kostet 32 CZK, eine Tageskarte für 24 Std. kostet 110 CZK und für 72 Std. 310 CZK.

Info

Geschichte

4./5. Jh. v. Chr.: Slawische Stämme ziehen in das von Kelten verlassene Gebiet nach Bohemia, dem „Land der Bauern".
9. Jh.: Gründung Prags durch das Orakel der Fürstin Libuše.
929: Fürst Wenzel der Heilige (späterer Landespatron Böhmens) wird ermordet; zuvor hatte er die Oberhoheit des deutschen Königs Heinrich I. anerkannt.
1212: Böhmen wird Königreich (erblicher Königstitel).
1230: Prag erhält Marktrecht und Stadtmauer.
um 1250: Deutsche Besiedlung unter böhmischen Königen.
1346–1378: Herrschaft von Karl IV., römisch-deutscher König, König von Böhmen und römisch-deutscher Kaiser.
1348: Gründung der Prager Universität.
1415: Der Kirchenreformator Jan Hus stirbt in Konstanz als Häretiker den Feuertod.
1419: Erster Prager Fenstersturz. Beim Versuch, inhaftierte Hussiten zu befreien, werden (katholische) königliche Stadthalter aus dem Neustädter Rathaus geworfen, was die grenzüberschreitenden Hussitenkriege (1419–1436) auslöst.
1526: Ferdinand I. ist erster habsburgischer König von Böhmen. Prag wird durch einen Großbrand fast zerstört.
1576–1612: Unter dem Habsburger Kaiser Rudolf II. erlebt Prag eine Blütezeit als Kunstkammer Europas.
1618: Zweiter Prager Fenstersturz. Gesandte der böhmischen Stände (mehrheitlich protestantisch) werfen zwei kaiserliche Statthalter aus dem Fenster des Hradschin. Dies löst den Dreißigjährigen Krieg (1618–1648) aus.
1620: Schlacht am Weißen Berg bei Prag. Die Niederlage der böhmischen Stände hat die Herrschaft der Habsburger bis 1918 und den Beginn der Rekatholisierung zur Folge.
1740–1790: „Aufgeklärter Absolutismus" unter Kaiserin Maria Theresia und ihrem Sohn Joseph II. („Reformkaiser"), der 1781 die Leibeigenschaft abschafft.
1787–1791: Mozart besucht mehrmals Prag.
1914–1918: Im Ersten Weltkrieg kämpfen Böhmen und Mähren auf Seiten der österreich-ungarischen Monarchie.
1918: Ausrufung der Tschechoslowakischen Republik (ČSR).
1938: England, Frankreich und Italien stimmen unter Ausschluss der tschechoslowakischen Regierung dem Münchner Abkommen zu und kommen Hitlers Forderung nach Abtretung der von Deutschen besiedelten Grenzgebiete nach, um einen Kriegsbeginn durch Deutschland zu verhindern.
1939: Einmarsch deutscher Truppen in Prag. Errichtung des Protektorats Böhmen und Mähren. Die pro-faschistische Slowakei erklärt sich zum autonomen Staat.
1945: Die sowjetische Armee marschiert ein; Beginn der Vertreibung von Deutschen aus der Tschechoslowakei.
1946: Erste Parlamentswahl in der Nachkriegszeit: Die KP wird in Böhmen und Mähren die stärkste Kraft (40,2 %), Klement Gottwald (KP) Regierungschef der Tschechoslowakei.
1947: Nahezu vollständige Vertreibung von 2,7 Mio. Deutschen („Beneš-Dekrete").
1960: Eine neue Verfassung macht das Land zur Tschechoslowakischen Sozialistischen Republik (ČSSR).
1968: Alexander Dubček wird KP-Chef. Die Reformbewegung Prager Frühling (Aktionsprogramm der KP) provoziert den Einmarsch von Truppen der Warschauer-Pakt-Staaten (außer Rumänien), und es kommt zur Zerschlagung der Reformen.
1977: Gründung der Oppositionsgruppe Charta 77 (u. a. mit dem Autor Václav Havel, der mit weiteren Charta-Vertretern 1979 zu mehrjährigen Haftstrafen verurteilt wird).
1989: Václav Havel wird Wortführer der Samtenen Revolution und vom tschechoslowakischen Parlament als erster Nichtkommunist seit 1948 zum Staatspräsidenten gewählt. Beginn der Ausreise Tausender DDR-Bürger, die in der bundesdeutschen Botschaft in Prag Zuflucht gesucht hatten.
1990: Umbenennung der ČSSR in Tschechische und Slowakische Föderative Republik (ČSFR). Der Grenzzaun zur Bundesrepublik Deutschland wird abgebaut. Es beginnt der pass- und visumfreie Personenverkehr.
1991: Das Parlament der ČSFR verabschiedet das Gesetz über die Rückgabe des gesamten seit 1948 verstaatlichten Eigentums; Deutsche und Österreicher bleiben davon ausgeschlossen. Abschluss des 1990 begonnenen sowjetischen Truppenabzugs.
1992: Das historische Zentrum von Prag wird Welterbestätte der UNESCO.
1993: Auflösung der Tschechoslowakei; die Tschechische Republik und die Slowakei sind ab jetzt unabhängige Staaten. Der neu gewählte tschechische Staatspräsident Havel unterzeichnet das Gesetz über die „Unrechtmäßigkeit des Kommunismus" und stuft das Regime in der Zeit 1948–1989 als „verbrecherisch und illegitim" ein.
1996: Erste Wahl zum tschechischen Parlament seit Auflösung der Tschechoslowakei.
1998: Staatspräsident Havel wird vom Parlament für seine zweite Amtszeit bestätigt.
1999: Die Tschechische Republik tritt der NATO bei.
2003: Ende der Amtszeit von Havel als Staatspräsident. Die tschechische Regierung bezeichnet die Vertreibung der Sudetendeutschen als „aus heutiger Sicht unannehmbar".
2004: Die Tschechische Republik wird Mitglied der Europäischen Union.
2007: Tschechien wird Mitglied des Schengener Abkommens zum Abbau von Grenzkontrollen an den Binnengrenzen.
2009: Die EU-Staats- und Regierungschefs akzeptieren die Forderung von Staatspräsident Klaus nach einer Zusatzklausel zur EU-Charta der Grundrechte, die verhindern soll, dass evtl. Eigentumsansprüche deutscher Vertriebener in Tschechien durchgesetzt werden.
2011: Das Abgeordnetenhaus beschließt die Einführung der Direktwahl des Staatspräsidenten. Václav Havel stirbt im Alter von 75 Jahren.
2013: In der Stichwahl der tschechischen Präsidentenwahl setzt sich der linkspopulistische Ex-Ministerpräsident Miloš Zeman gegen den konservativen Außenminister Karl Johannes Fürst zu Schwarzenberg, durch. Tschechiens Regierungschef Petr Nečas entschuldigt sich bei einer Rede im Bayerischen Landtag für das Leid und Unrecht an unschuldigen Menschen bei der Nachkriegsvertreibung der Deutschen aus der früheren Tschechoslowakei.
2014: Adriana Krnáčová wird am 26. Nov. erste Oberbürgermeisterin von Prag.
2017: Bei den Parlamentswahlen im Oktober siegt der umstrittene Milliardär Andrej Babiš mit seiner Protestbewegung ANO („Ja").
2018: Zeman wird als Staatspräsident wiedergewählt. Zdeněk Hřib wird neuer Oberbürgermeister; Prag ist somit die erste europäische Hauptstadt, in der eine Piratenpartei den Bürgermeister stellt.
2019: Zehntausende demonstrieren gegen Babiš. Der Regierungschef soll als Unternehmer zu Unrecht EU-Subventionen erhalten haben. Die Staatsanwaltschaft ermittelt.

SERVICE

Öffnungszeiten

Läden: Die meisten Geschäfte sind an Arbeitstagen von 8.00/9.00 bis 18.00/19.00 Uhr geöffnet, größere Geschäfte bis 20.00/21.00 Uhr, zum Teil sogar am So. Manche Vietnamesen-Läden haben 24 Std. geöffnet. Auch viele Einkaufszentren sind sieben Tage pro Woche bis 21.00 Uhr geöffnet.
Banken und Behörden: an Arbeitstagen von 9.00 bis 16.00 Uhr. Der Zugang zu Geldautomaten ist rund um die Uhr gewährleistet.
Burgen und Schlösser, Museen und Galerien: Kernöffnungszeiten 10.00–17.00 Uhr. Mo. häufig geschlossen. Winteröffnungszeiten fallen in der Regel verkürzt aus, einzelne Sehenswürdigkeiten sind dann sogar ganz geschlossen.

Reisezeit

Beliebteste Reisezeiten sind Frühling und Herbst, wenn die Stadt erwacht oder die Sommerhitze sich gelegt hat. In den heißen Sommermonaten fahren zuweilen sogar Tankwagen durch die Straßen und versprühen zur Kühlung und Staubbindung Wasser. Im Winter wirkt Prag durch Nebel und Regen (selten Schnee) mystisch und schwermütig. In der Tschechischen Republik gilt die Winter- und Sommerzeit, also MEZ und MESZ.

Souvenirs

Beliebte tschechische Souvenirs sind traditionelle **Glaskunst, Porzellan, Granat-** und **Bernsteinschmuck, Holzmarionetten** und **Kunsthandwerk.** Auch in den vielen Kunstgalerien und Antiquitätengeschäften kann man fündig werden, wenn man die Preise der Objekte einzuschätzen weiß. Internationale Modegeschäfte und Boutiquen haben an der Moldau Zweigstellen eingerichtet, und es gibt traditionelle Mitbringsel zum Verzehr wie den Kräuterlikör **Becherovka, Honigwein, Slivovitz** oder süße **Karlsbader Oblaten.**

Sprache

Amtssprache ist **Tschechisch**, das zu den slawischen Sprachen gehört. Meist kommt man recht gut mit Englisch, Deutsch oder Russisch durch (s. auch Rubrik „Knigge").

Telefon und Internet

Die internationale **Ländervorwahl** Tschechiens ist 00420. Die Rufnummern im Land sind meist neunstellig, die ersten drei Ziffern zeigen die Ortskennzahl an. Eine Null wird auch beim Handy nicht vorgewählt. **Handys** mit deutschem Netz funktionieren auch in Tschechien problemlos, weil es zum Teil dieselben Anbieter sind. Seit 2017 gelten im EU-Ausland die gleichen Tarife wie daheim, also Telefonieren und mobiles Internet zu Inlandspreisen. Wie jede Regel hat aber auch die EU-Roaming-Verordnung einige Ausnahmen, über die man sich vor der Reise informieren sollte. Mit **Netbook, Notebook oder Smartphon** kann man über WLAN/Wi-Fi in Restaurants, Cafés oder Hotels ins Internet. WLAN/Wi-Fi ist in Prag weit verbreitet.

Trinkgelder

Im Restaurant oder bei Taxifahrten wird von Einheimischen für gewöhnlich nur sehr geringfügig aufgerundet; für gute Leistungen sind aber Trinkgelder in Höhe von 5 bis 10 % des Rechnungsbetrags angemessen.

Veranstaltungen

Auf www.prague.eu/de/veranstaltungen, dem offiziellen Tourismusportal der Stadt Prag, finden sich unter Rubriken von Ausstellungen über Musik, Festivals, Märkte bis zu Theater und Tanz aktuelle Hinweise. Auch www.visitprague.cz/de/kultur/konzerte-oper-ballett/ kann hilfreich sein.

Ein Riesenspaß auf dem Altstädter Ring – mit der Teynkirche als Kulisse

Register

Fette Ziffern verweisen auf Abbildungen

A
Altstadt **28**, 29, **30**, **31**, **41**, 41, 83
Altstädter Ring **7**, 7, **10**, **28**, **29**, 29, **35**, **38**, **41**, 41, 59, **94**, **120**
Ausflüge
 Böhmische Schweiz **106**, 111
 České Budějovice 112
 Český Krumlov 7, **105**, **112**, 112
 Český Šternberk **101**, 112
 Karlovy Vary **102**, **103**, 112, 113
 Karlštejn, Burg 7, **96**, **97**, 105, 113, **118**
 Konopiště 112
 Kutná Hora **7**, 7, **103**, **106**, 111
 Loket **99**, **111**, 113
 Mariánské Lázně **102**, 113
 Mělník **100**, 101, 111
 Plzeň **104**, **112**, 112
 Sedlec 103, **107**, 112
 Terezín **111**, 111
 Troja, Schloss **98**

B
Belvedere 63

E
Einkaufen **85**, **87**, 95

F
Fernsehturm **71**, 77
Filmstudios Barrandov **77**, 77

G
Goldenes Gässchen **57**, 59, 62
Goltz-Kinský, Palais 42, 59
Gotteshäuser
 Altneu-Synagoge **34**, 35, **42**, 43
 Altstädter Niklaskirche **29**, **35**, 41
 Hohe Synagoge 43
 Jerusalem-Synagoge **33**
 Klausen-Synagoge **33**, 43
 Kleinseitner Niklaskirche **7**, 7, **46**, **52**, 61
 Kreuzherrenkirche **26**
 Maiselsynagoge **42**, 43
 Maria Schnee 75
 Pinkassynagoge **42**, 43
 St.-Georgs-Basilika **62**, 63
 St.-Loreto-Kirche **52**, 63
 St. Maria de Victoria **61**, 61, 62
 St. Peter und Paul 71, **73**, 77
 St.-Veits-Dom **56**, **57**, 57, 59, 63
 Spanische Synagoge **16**, **32**, 43
 Teynkirche **28**, 29, 41, **120**
Grand Hotel Europa 7, **66**

H
Hauptbahnhof **66**, 76
Havelska 33, 42
Holešovice **75**, 75
Hotels 118

Hradschin (Burg) **4**, 7, **14**, **15**, **44**, **45**, **54–57**, 57, **62**, 62
Hybernská 77

J
John-Lennon-Mauer **48**, 61
Josefstadt **16**, **32–35**, 35, 42, 59
Jüdischer Friedhof, Alter **33**, 43

K
Kafka-Stätten **5**, **58**, **59**, 59
Karlsbrücke 7, **8**, **24–27**, 29, **42**, 42, 59, **116**
Karlsplatz 69, 75
Karolinum 41
Kleinseite **14**, **15**, **44–47**, 47, **48–51**, 55, **61**, 61
Kleinseitner Ring 61
Klementinum 42
Königspalast 62
Königsweg 31, 41, **47**

L
Lobkowitz, Palais **61**, 62
Lucerna-Passage **66**, 69

M
Marienplatz 42
Messegelände **75**, 75
Mostecká **47**, 53
Museen
 Agnes-Kloster 43
 Artbanka Museum of Young Art 42
 Dox-Zentrum für zeitgenössische Kunst 75
 Dvořák-Museum 76
 Jüdisches Museum **33**, 35, **42**, 42
 Kafka-Museum **59**, 59, **62**, 62
 Kunstgewerbemuseum 43
 Lapidárium 75
 Mucha-Museum 42
 Museum der Stadt Prag 76
 Museum des Kommunismus 76
 Muzeum Kampa **12**, **13**, **48**, 62
 Nationalmuseum **67**, 76
 Schwarzenberg-Palais, Nationalgalerie 63
 Smetana-Museum **30**, 42, 83
 Sternberg-Palais 63

N
Nerudagasse **49**, 55, 61
Neustadt **64–69**, **75**, 75

P
Parks und Gärten **50**, **51**, 62, 75, 76
Pariser Straße **35**, 35, 43
Petřín 61
Pulverturm 31, **41**, 41

R
Rathaus, Altstädter **28**, **29**, 33, 41
Rathaus, Neustädter **73**, 76

Repräsentationshaus 7, **30**, **31**, **41**, 41, **118**

S
Schönborn, Palais 62
Smíchov 73, 77
Sparkasse, Tschechische 33, 42
Strahov, Kloster 7, **52**, **62**, 63
Světozor-Passage **86**

T
Tanzendes Haus 69, **70**, 76
Technische Nationalbibliothek **71**
Theater und Musik
 Hybernia-Theater 76
 Laterna Magica **69**, 76
 Nationaltheater **68**, **76**, 76
 Rudolfinum, Philharmonie 42
 Schwarzes Theater 94
 Staatsoper 75
 Ständetheater 41, **69**

U
Unterhaltung
 Bars **20**, **80–85**, 83, 93, 94, **94**
 Bierlokale **7**, 7, **88–91**, **93**, 93
 Casinos **87**, 87
 Clubs **20**, **80–85**, 83, 93, 94, **94**
 Kaffeehäuser **4**, **34**, **36–39**, 36, 94
 Restaurants **93**, 94

V
Vinohrady 76, 83
Vyšehrad **72**, 77

W
Waldstein, Palais 61
Wenzelsplatz 7, 27, **64**, **65**, **67**, 67, 75, **119**

Z
Žižkov 77
Zoo Praha 75

Impressum

4. Auflage 2020
© DuMont Reiseverlag, Ostfildern

Verlag: DuMont Reiseverlag, Postfach 3151, 73751 Ostfildern, Tel. 0711 45 02 0, Fax 0711 45 02 135, www.dumontreise.de
Geschäftsführer: Dr. Thomas Brinkmann, Dr. Stephanie Mair-Huydts
Programmleitung: Birgit Borowski
Redaktion: Achim Bourmer
Text: Jochen Müssig
Exklusiv-Fotografie: Peter Hirth
Titelbild: laif/Peter Hirth (Menschen am Altstädter Ring)
Zusätzliches Bildmaterial: Barrandov Studio a.s. (S. 77), CD-Rail (S. 78 l.), DuMont Bildarchiv/Rainer Martini (S. 111 r., 112 o.r., 112 u.r., 115 o.r.), DuMont Bildarchiv/Martin Specht (S. 55, 93 u.r.), Kolkovna Olympia (S. 115 u.l.), laif Bildagentur (S. 90 u.), GettyImages/Philipp Klinger (S. 8/9), Bildagentur LOOK (S.78 r.), Bildagentur LOOK/Ingolf Pompe (S. 114 l.), Mauritius Images/Alamy (S. 22 r., 23 o.r., 93 l., 94 u., 115 u.r.), Mauritius Images/ImageBroker/Andre Kohls (S. 23 u.r.), Mauritius Images/ImageBroker/Günter Lenz (79 u.), Prague City Tourism/Michal Fic (S. 22 l.), Prague City Tourism/Connor Hana (S. 94 o.)
Grafische Konzeption, Art Direktion: fpm factor product münchen
Layout: Cyclus · Visuelle Kommunikation, Stuttgart
Cover Gestaltung: Neue Gestaltung, Berlin
Kartografie: © MAIRDUMONT GmbH & Co. KG
Kartografie Lawall (Karten für „Unsere Favoriten")
DuMont Bildarchiv: Marco-Polo-Straße 1, 73760 Ostfildern, Tel. 0711 45 02 266, Fax 0711 45 02 10 06, bildarchiv@mairdumont.com

Für die Richtigkeit der in diesem DuMont Bildatlas angegebenen Daten – Adressen, Öffnungszeiten, Telefonnummern usw. – kann der Verlag keine Garantie übernehmen. Nachdruck, auch auszugsweise, nur mit vorheriger Genehmigung des Verlages. Erscheinungsweise: monatlich.

Anzeigenvermarktung: MAIRDUMONT MEDIA, Tel. 0711 45 02 0, Fax 0711 45 02 10 12, media@mairdumont.com, http://media.mairdumont.com
Vertrieb Zeitschriftenhandel: PARTNER Medienservices GmbH, Postfach 810402, 70521 Stuttgart, Tel. 0711 72 52-212, Fax 0711 72 52-320
Vertrieb Abonnement: Leserservice DuMont Bildatlas, Zenit Pressevertrieb GmbH, Postfach 810640, 70523 Stuttgart, Tel. 0711 7252-265, Fax 0711 7252-333, dumontreise@zenit-presse.de
Vertrieb Buchhandel und Einzelhefte: MAIRDUMONT GmbH & Co. KG, Marco-Polo-Straße 1, 73760 Ostfildern, Tel. 0711 45 02 0, Fax 0711 45 02 340
Reproduktionen: PPP Pre Print Partner GmbH & Co. KG, Köln
Druck und buchbinderische Verarbeitung: NEEF + STUMME GmbH, Wittingen
Printed in Germany

Lieferbare Ausgaben

Die Kanaren sind vom Klima begünstigt – beste Voraussetzung für herrliche Strandtage.

Hamburgs Herz pocht an Elbe und Alster.

Hamburg

Deutschlands Tor zur Welt
Der Hafen ist das Aushängeschild der Hansestadt, aber Hamburg hat natürlich noch weit mehr zu bieten, wir präsentieren alle Highlights.

Urbane Visionen
Aus alten Hafenvierteln werden trendige Stadtteile. Erleben Sie das „neue" Hamburg.

Shopping hanseatisch
Hamburger Trend-Labels und Traditionshäuser, hier kaufen Sie zwar nicht günstig, aber gut!

Teneriffa
La Palma · La Gomera · El Hierro

Paradiesische Inseln
Sie wissen noch nicht wohin? Wir stellen Ihnen die Westkanaren ausführlich in Bild und Wort vor.

Exklusiv wohnen
Warum sich nicht mal etwas Besonderes gönnen, die besten Adressen auf Teneriffa und den kleinen Kanareninseln.

Wandern mit Aussicht
Unsere Favoriten – die neun erlebnisreichsten Wanderungen auf den westlichen Kanaren.

www.dumontreise.de

Deutschland
207 Allgäu
216 Altmühltal
105 Bayerischer Wald
180 Berlin
162 Bodensee
175 Chiemgau, Berchtesgadener Land
013 Dresden, Sächsische Schweiz
152 Eifel, Aachen
157 Elbe und Weser, Bremen
168 Franken
020 Frankfurt, Rhein-Main
112 Freiburg, Basel, Colmar
028 Hamburg
026 Hannover zwischen Harz und Heide
042 Harz
023 Leipzig, Halle, Magdeburg
210 Lüneburger Heide, Wendland
188 Mecklenburgische Seen
038 Mecklenburg-Vorpommern
033 Mosel
190 München
047 Münsterland
015 Nordseeküste Schleswig-Holstein
006 Oberbayern
161 Odenwald, Heidelberg
035 Osnabrücker Land, Emsland
002 Ostfriesland, Oldenburger Land
164 Ostseeküste Mecklenburg-Vorpommern
154 Ostseeküste Schleswig-Holstein
201 Pfalz
040 Rhein zw. Köln und Mainz
185 Rhön
186 Rügen, Usedom, Hiddensee
206 Ruhrgebiet
149 Saarland
182 Sachsen
081 Sachsen-Anhalt
117 Sauerland, Siegerland
159 Schwarzwald Norden
045 Schwarzwald Süden
018 Spreewald, Lausitz
008 Stuttgart, Schwäbische Alb
141 Sylt, Amrum, Föhr
204 Teutoburger Wald
170 Thüringen
037 Weserbergland
173 Wiesbaden, Rheingau

Benelux
156 Amsterdam
011 Flandern, Brüssel
179 Niederlande

Frankreich
177 Bretagne
021 Côte d'Azur
032 Elsass
009 Frankreich Süden Okzitanien
019 Korsika
213 Normandie
001 Paris
198 Provence

Großbritannien/Irland
187 Irland
202 London
189 Schottland
030 Südengland

Italien/Malta/Kroatien
181 Apulien, Kalabrien
211 Gardasee
110 Golf von Neapel, Kampanien
163 Istrien, Kvarner Bucht
215 Italien, Norden
005 Kroatische Adriaküste
167 Malta
155 Oberitalienische Seen
158 Piemont, Turin
014 Rom
165 Sardinien
003 Sizilien
203 Südtirol
039 Toskana
091 Venedig, Venetien

Griechenland/Zypern/Türkei
034 Istanbul
016 Kreta
176 Türkische Südküste, Antalya
148 Zypern

Mittel- und Osteuropa
104 Baltikum
208 Danzig, Ostsee, Masuren
169 Krakau, Breslau, Polen Süden
044 Prag
193 St. Petersburg

Österreich/Schweiz
192 Kärnten
004 Salzburger Land
196 Schweiz
144 Tirol
197 Wien

Spanien/Portugal
043 Algarve
214 Andalusien
150 Barcelona
025 Gran Canaria, Fuerteventura, Lanzarote
172 Kanarische Inseln
199 Lissabon
209 Madeira
174 Mallorca
007 Spanien Norden, Jakobsweg
118 Teneriffa, La Palma, La Gomera, El Hierro

Skandinavien/Nordeuropa
166 Dänemark
212 Finnland
153 Hurtigruten
029 Island
200 Norwegen Norden
178 Norwegen Süden
151 Schweden Süden, Stockholm

Länderübergreifende Bände
123 Donau – Von der Quelle bis zur Mündung
112 Freiburg, Basel, Colmar

Außereuropäische Ziele
183 Australien Osten, Sydney
109 Australien Süden, Westen
195 Costa Rica
024 Dubai, Abu Dhabi, VAE
160 Florida
036 Indien
205 Iran
027 Israel, Palästina
111 Kalifornien
031 Kanada Osten
191 Kanada Westen
171 Kuba
022 Namibia
194 Neuseeland
041 New York
184 Sri Lanka
048 Südafrika
012 Thailand
046 Vietnam